Rumänien
Schwarzmeerküste

Ebba Hagenberg-Miliu

DUMONT direkt

Inhalt

Bine aţi venit

Zu Gast an Rumäniens Schwarzmeerküste

Orte von A bis Z

Buntes Badevergnügen am Strand von Jupiter

12 Highlights

Extra-Touren

20 Reisetipps Rumänien

Rumänien im Internet

Surftipps

Unter den Stichworten ›Rumänien‹ und ›Schwarzes Meer‹ finden sich im Netz auch viele kommerzielle Homepages und Privatseiten passionierter Rumänienfahrer. Seriös weiter recherchiert man unter den Stichworten ›Romania‹ (englisch, rumänisch) und ›Marea Neagra‹ (rumänisch) plus Ortsangabe.

Allgemeine Infos

www.turism.ro

Die offizielle Homepage Rumäniens fürs Ausland präsentiert auch in deutscher Sprache (wenn auch etwas holprig übersetzt) »ein neues Rumänien«. Die Einführungstexte und dann auch praktischen Informationen zu Land und Leuten, zum Reisen im Land und besonders zu den Regionen Schwarzmeer-Küste und Donaudelta sind brauchbar.

www.rumaenien-tourismus.de

Mit dieser in z. T. abenteuerlichem Deutsch formulierten Homepage werben die Rumänischen Touristenämter in Berlin und München für das Reiseland. Zum Einstieg ist die Homepage zu empfehlen, obwohl zur Dobrudscha nur das Extra-Kapitel Donaudelta erscheint.

www.deutsch-rumaenisches-forum.de

Der Verein hat es sich zum Ziel gesetzt, in Deutschland Verständnis für Rumänien zu wecken. Seine auch deutschsprachige Homepage bietet die aktuellen Informationen über Politik, Wirtschaft, Kultur und Reisen in Rumänien.

www.auswaertiges-amt.de.www/de/index_html

Das Berliner Auswärtige Amt gibt auch zu Rumänien aktuelle Länder- und Reiseinformationen, Sicherheitshinweise, Reisewarnungen, Tipps zum konsularischen Service und zu deutschen Vertretungen.

Reisepraktisches

www.cfr.ro

Die offizielle Homepage der rumänischen Eisenbahn. Man findet alle internationalen und nationalen Zugverbindungen in das und aus dem Land.

www.tarom.de

Die deutschsprachige Homepage der staatlichen rumänischen Fluglinie Tarom präsentiert Flugpläne und Preise für Flüge nach/von Rumänien sowie im Inland.

www.eurolines.ro

Das auch in Westeuropa arbeitende Unternehmen dient leider nur in rumänischer Sprache u. a. mit Fahrplänen für Busverbindungen im Lande bzw. mit Tipps zum Mieten von Pkws.

www.hotels.ro

Auf Rumänisch und Englisch erhält man eine große Auswahl von Unterkunftsmöglichkeiten im Zielgebiet. Auch die Beschreibungen sind brauchbar.

www.antrec.ro

Die rumänischsprachige Seite der Organisation für Landtourismus-offeriert, geordnet nach Regionen, eine beachtliche Anzahl an Ferienwohnungen.

www.infolitoral.ro

Auf Rumänisch und Englisch erfährt man viel Nützliches: Hotellerie, Gastronomie, Freizeit, Nachtleben, Museen, Ausflüge etc. Die absolut beste Homepage über die rumänische Schwarzmeerküste, wenn auch aktualisierungsbedürftig.

www.cta.ro

Auch diese rumänischsprachige Homepage ist sehr zu empfehlen. Sie ist zwar nur auf die Stadt Constanţa konzentriert, beinhaltet da aber alles praktisch Brauchbare.

Das Wetter

www.wetteronline.de/rumaenien.htm

Bine aţ

Willkommen an der rumänischen Schwarzmeerküste! Schon seit den 1960er Jahren verbringen auch viele Touristen aus deutschsprachigen Ländern hier immer wieder ihre Sommerferien. Eine Küste mit kinderfreundlich flach abfallenden feinsandigen breiten Stränden, ohne Ebbe und Flut, ohne gefährliche Fische und hohen Wellengang lockt besonders Familien mit Kindern. Dazu eine

i venit

Phalanx an Hotels und Restaurants, die gerade in den letzten Jahren den Ansprüchen des internationalen Tourismus angepasst wurden, Aqua-Freizeitparks und das Naturparadies Donaudelta. Und dann kann man ja rund um die Badeorte sogar noch kuren und so manche kulturelle Sehenswürdigkeit aufsuchen. Wie sagt der Rumäne noch gleich: »Bine aţi venit!« – Herzlich Willkommen!

Willkommen

Willkommen auf dem Markt in Tulcea

Auf den Spuren der Antike – wie zu den Zeiten von Ovid

Ob dem heutigen Gast an der rumänischen Schwarzmeerküste eigentlich bewusst ist, dass er an den Stränden rund um Constanţa auf den Spuren eines berühmten Mannes wandelt? Im Jahr 8 n. Chr. war hier im antiken Handelszentrum Tomis der römische Dichter Ovid, Bestseller-Autor so berühmter Werke wie der ›Metamorphosen‹ und der ›Liebeskunst‹, gelandet, nicht ganz freiwillig zwar und durch die Schifffahrt auf dem Schwarzen Meer auch reichlich durchgeschüttelt. Und doch sollten sich von nun an die letzten neun Lebensjahre des damaligen Starschriftstellers noch richtig glücklich gestalten. Wenn man einmal von den eher spielerischen Klagen in seinen ›Epistulae ex Ponte‹, also ›Briefen vom Schwarzen Meer‹, absieht. Roms Dichterkönig hatte es sich rund um die Hafenstadt Tomis/Constanţa nämlich gemütlich eingerichtet, hatte Freude an der Eigenart, der Kultur, der Sprache der Einheimischen gefunden. Neugierig war er zu Naturspektakeln wie dem Donaudelta gereist. Und hatte als Fremder nicht zuletzt die hiesige Gastfreundschaft schätzen gelernt.

Was heutige Besucher der rumänischen Schwarzmeerküste, nicht nur im Angesicht der Ovid-Statue in Constanţas Altstadt, sicher im übertragenen Sinne nachvollziehen können. Vielleicht kommen ja auch sie noch ein wenig vorsichtig, ja skeptisch an dieser rund 245 km langen Meeresküste an, die zum großen Teil vom Donaudelta eingenommen wird und bis zur bulgarischer Grenze reicht. Hatte Rumänien als Urlaubsland im Westen nicht über die Jahre einen recht schlechten Ruf weg? Und waren gut ein Dutzend Jahre nach dem Zusammenbruch des Kommunismus hier an den so schönen breiten Stränden denn endlich die Gespenster der Vergangenheit vertrieben?

Gastfreundschaft in modernen Ferienorten

Um Quantensprünge freundlicher als bei Ovid gestaltet sich da heute schon einmal die Ankunft. Immerhin fliegt man ja im 21. Jh. aus Westeuropa in bequemen Passagiermaschinen nach nur zweieinhalb Stunden in der (Flug-) Hafenstadt Constanţa ein. Und findet sich schon eine halbe Transferstunde darauf in einem der modernen Badeorte wieder, die sich wie eine Perlenkette zwischen den Küstenstädten Constanţa und Mangalia hinziehen. Und hier erkennt man wiederum schnell, dass man nach den auch touristisch dunklen Jahren auch am rumänischen Ferienziel längst wieder auf die Gastfreundschaft

Fastfood international an der Strandpromenade

zählen kann, die schon anno dazumal Römerdichter Ovid begeisterte.

Denn in den Ferienorten Mamaia, Eforie Nord und Süd, Costineşti, Olimp, Neptun, Jupiter, Cap Aurora, Venus, Saturn und Mangalia stimmt es meist längst wieder, das Preis-Leistungsverhältnis, mit dem die Tourismusbranche die Güte ihrer Urlaubsziele in harten Zahlen und Fakten zu definieren pflegt. Tolle Strände, attraktive inländische Ausflugsziele, eine gute Infrastruktur und eine prima Perspektive, die mancherorts noch lahmende Hotellerie zu optimieren, das alles diagnostizieren deutsche Reiseveranstalter an der Küste. Die derzeit sogar zweistelligen Zuwachsraten an Touristen will man weiter ausbauen, »damit wir unsere Erfolgsstory von Bulgarien auch in Rumänien umsetzen können«, so hofft ein Großveranstalter. Im südlichen Nachbarland hatte man, schon mal der zügigeren Privatisierung von Hotels und Restaurants wegen, im vergangenen Jahrzehnt gerade im Bereich Familienreisen kräftig gepunktet. Warum sollte man also das nicht in den rumänischen Nachbar-Badeorten wiederholen können, die sich ja von der Naturschönheit, den kulturellen Höhepunkten und der Güte des Unterhaltungsangebots her in keiner Weise vor den bulgarischen Ferienzielen zu verstecken brauchen?

›Destination der Zukunft‹

Hat die rumänische Schwarzmeerküste also, wie es die Veranstalter hoffen, das Zeug zu einer »Destination der Zukunft«? Viele, die es gerade in der vergangenen Saison erstmals mit einem Urlaub an der Küste zwischen dem nördlichen Donaudelta und dem südlichen Künstlerort Vama Veche versucht haben, bejahen das. »Wir hatten gerade im derzeit attraktivsten rumänischen Badeort, in Mamaia, rundum gelungene Ferientage für die ganze Familie«, hört man. Und: »Mit dem dortigen neuen Aqua-Magic-Park haben die Rumänen endlich auch Anschluss an die Erfordernisse eines modernen Aktivurlaubs gefunden«. Auch in den Urlaubsorten Eforie Nord, Neptun, Olimp, Jupiter, Saturn, Venus und Mangalia werden die touristischen Gegebenheiten sehr positiv eingeschätzt. Ein Jugendbadeort wie Costineşti boomt z. Zt. regelrecht, wenngleich deutsche Veranstalter ihn noch gar nicht für sich entdeckt haben. Wer dagegen derzeit noch besinnlichere Impressionen sucht, der findet sie in den Badebuchten von Eforie Süd oder Cap Aurora. Oder geht gleich in die abgelegeneren Orte 2 Mai und Vama Veche.

Kuren und Wellness

Dabei muss man auf jeden Fall noch die Sogkraft der rumänischen Schwarz-

Im Donaudelta spielt sich das Leben am Wasser ab

meerorte gerade für Kurreisende erwähnen. Schon seit Jahrzehnten können gerade Eforie Nord und Süd, Techirghiol, Neptun, Saturn und Mangalia eine wachsende Anzahl von Westtouristen begrüßen, die in einer der Kliniken Linderung von rheumatischen, dermatologischen und gynäkologischen Leiden finden. Natürlich können hier die Apparaturen und das Equipment noch als altmodisch bezeichnet werden. Aber die fachärztliche Begleitung ist deshalb noch lange nicht hinterm Mond. Die Wellness-Fans kommen jedenfalls garantiert wieder. Und das schon mal, weil sich hier der Kuraufenthalt aufs beste mit einem Badeurlaub verbinden lässt. Und weil man nur wenige Kilometer vom Zentrum der Schwarzmeerregion, der 360 000-Einwohner-Stadt Constanţa, entfernt so viele interessante Ausflugziele regelrecht vor der Haustüre hat.

Ausflugstouren – Abwechslung vom Strandalltag

Wer ist auf Schwarzmeerurlaub nicht schon einmal genüsslich durch die zweitgrößte Metropole Rumäniens Constanţa gebummelt? Wer hat sich nicht schon einmal in südlicher Richtung zur ›kleineren Schwester‹, der Hafenstadt Mangalia, aufgemacht? Wer ist nicht schon einmal in westlicher Richtung beim großen römischen Siegesmal von Adamclisi angelangt, das die Eroberer ein knappes Jahrhundert, nachdem ihr Landsmann Ovid Schwarzmeerluft schnupperte, hier ins Inland setzten? Und wer wollte nicht von dort aus gleich einmal weiter durch die Donauebene Richtung Inland fahren: zum bekannten Kloster des Heiligen Andreas und zum Kloster Dervent?

Naturparadies Donaudelta

Nördlich von Constanţa machen sich immer wieder Urlauber zu Ausflügen in die griechische Ruinenstadt der Antike, nach Histria auf. Und bleiben von da aus weiter auf Kurs Nord: durch die nur bis zu 500 m hohen uralten Berge bei Babadag bis hin in die nächste große Küstenebene bei der Hafenstadt Tulcea, wo sich das riesige Deltagebiet der Donau über gut 100 km Richtung Schwarzes Meer erstreckt. Wo in einem Labyrinth unzähliger sich ständig verändernder Flussverästelungen Zugvögel aus ganz Europa jedes Jahr Zwischenstation machen. Und wo, dank der Ausrufung zum Biosphärenreservat, in vielen Örtchen noch die Zeit stehen geblieben zu sein scheint – und das nur gut 100 km entfernt vom pulsierenden Leben der Badeorte.

Dorfidylle hier, buntes Strandleben dort …

Litoral, also die rumänische Schwarzmeerküste, das ist sicher eine Urlaubsregion der Gegensätze. Dörfliche Idylle findet man hier am Weg zu den zahlreichen Ausflugszielen der Dobrudscha. Wie mit Bordüren sind die gedrungenen weißgekalkten Häuschen farbenfroh geschmückt. Kunstvoll geschnitzte Zäune und Tore um blütenreiche Gärtchen zeigen die Grenzen zum Nachbarn auf. Aus den tiefen Dorfbrunnen ziehen die Bäuerinnen eimerweise Wasser für ihre Gemüse- und Obstfelder. Die Männer arbeiten derweil in der sengenden Sonne auf den Feldern, haben bei weitem nicht die technischen Hilfsmittel zur Verfügung wie ihre westeuropäischen Kollegen. Weit geht von diesen Dörfern aus der Blick über endlose Sonnenblumenfelder, an deren Rändern Kühe und Ziegen saftige Halme knabbern. Und auf deren Wegen Pferdewagen die Ernte Richtung Hof bugsieren. Ein paar Kilometer weiter an der Küste schlürfen auch rumänische Touristen an den Tischen schicker moderner Strandcafés ihren Cappuccino. Familien mit Kindern fahren mit Leihrädern die Uferpromenade entlang. Nebenan hüpfen die Kleinsten auf dem Strandtrampolin oder bauen Burgen im weichen Sand.

Eilfertig werden dem Badegast Liegestuhl und Sonnenschirm an sein Traumplätzchen gestellt. Und nicht weit davon wird im nächsten Glitzer-Strandclub schon wieder Werbung für die nächtliche Miss-Wahl gemacht. Währenddessen wieder nur ein paar Kilometer entfernt in einer der vielen orthodoxen Kirchen schwarzgekleidete Mütterchen immer neue Kerzen für Lebende und Verstorbene anzünden. Die Rumänen sind mit ihrer zu 96 Prozent christlichen Einwohnerschaft ein frommes Volk. Es lässt sich in auch jetzt noch wirtschaftlich schweren Jahren nicht seine Lebensfreude nehmen. Schaue man auf Besuch am Schwarzmeerstrand also ruhig einmal hinein in eine typische Dobrudscha-Hochzeitsfeier, wie man sie hier durchaus mit etwas Glück in einem der Restaurants erleben kann. Stundenlang wird da zu den mitreißenden Rhythmen einer Roma-Band getanzt, gesungen und sich zugetrunken. Nicht selten findet sich dann plötzlich auch der fremde Beobachter mitten im Tanzgeschehen wieder. Und das hätte, Stichwort Gastfreundschaft, sicher auch Ovid gut gefallen.

Die rumänische Schwarzmeerküste in Zahlen

Länge der Küste: Die rumänische Schwarzmeerküste (Litoral) ist 245 km lang von der ukrainischen Grenze im Donaudelta im Norden bis zur bulgarischen Grenze im Süden.
Region: Diese gesamte südöstlichste Region Rumäniens nennt sich ›Dobrudscha‹.
Verwaltungsstruktur: Die Dobrudscha gliedert sich in die Kreise Tulcea (im Norden) und Constanţa (im Süden).
Große Städte: Constanţa (360 000 Einw.) und Tulcea (110 000 Einw.)

Geschichte

Einst griechischer Handelsposten, heute Ruinenstadt: Histria

Um 100 000 v. Chr.	Archäologische Funde beweisen eine erste menschliche Besiedlung im Donau-Karpatenraum.
Ab 6000 v. Chr.	Neue Einwanderungswellen von Indoeuropäern, von Geto-Dakern, sind nachweisbar. Sie bringen kulturelle Vielfalt, den Getreideanbau und Viehzucht in die Region.
Ab 700 v. Chr.	Als griechische Handelskolonien werden an der Schwarzmeerküste die Stadtstaaten Istros (heute die Ruinenstadt Histria), Tomis (Constanţa), Callatis (Mangalia) und Odessos (Varna) gegründet. Anstürmende Dakerstämme fordern Tribut.
Ab 29. v. Chr.	Nach dem Tod des Dakerkönigs Burebista geraten auch die Küstenstädte unter römischen Einfluss. Der nach Tomis (Constanţa) verbannte Dichter Ovid führt von 8 bis 17 n. Chr. Buch über den Alltag in der Römerprovinz Moesia.
102 n. Chr.	Mit dem Sieg in Adamclisi über die Daker manifestiert Kaiser Trajan die Vormachtstellung Roms. Kampfszenen zeigen die berühmte Trajanssäule in Rom und das Siegesmal in Adamclisi.
Ab 2. Jh.	An der Küste wie in den übrigen Gebieten des heutigen Rumäniens ersetzt bald eine dako-romanische Sprach- und Kulturgemeinschaft die alten Traditionen. In diese Zeit datieren die Rumänen ihre Volkswerdung.
4. Jh.	Laut Kirchengeschichte sind die Rumänen nun Christen.
Bis 679	Goten, Hunnen, Awaren und Slawen plündern die blühenden Küstenstädte.
Ab 679	Nach dem Fall des römischen Donaulimes folgen Jahrhunderte unter bulgarischer und byzantinischer Herrschaft. Genuesische Händler bauen sich im 13. Jh. Landungsplätze aus.

Mitte des 14. Jh.	In den anderen rumänischen Regionen bilden sich Fürstentümer. Auch am Schwarzen Meer gibt es Unabhängigkeitsbestrebungen unter einem Kämpfer namens Dobrotia.
Bis 1419	Die walachischen Nachbarfürsten regieren das Gebiet.
1419	Die Dobrudscha muss sich als erste Region des späteren Rumänien den Osmanen geschlagen geben. Es folgen, abseits der übrigen geschichtlichen Entwicklung Rumäniens, fast 500 Jahre unter türkischer Oberhoheit.
1878	Dem seit 1877 unabhängigen Nationalstaat Rumänien wird die nördliche, auch heute rumänische Dobrudscha zugesprochen.
1881	Hohenzollern-Prinz Karl kommt als Carol I. auf den rumänischen Königsthron.
1918–1945	Groß-Rumänien erhält auch die südliche, heute bulgarische Dobrudscha, die sie im Zweiten Weltkrieg wieder verliert.
Ab 1945	Die Sowjetisierung bringt Rumänien eine kommunistische Ein-Parteien-Herrschaft totalitärer Prägung.
1965–1989	Unter dem Regierungschef Nicolae Ceauşescu öffnet sich Bukarest zeitweise gen Westen. Doch der ›Conducator‹ (›Führer‹) Ceauşescu baut nach und nach eine kommunistische Diktatur auf und richtet das Land wirtschaftlich zugrunde.
Dezember 1989	Im Rahmen des Macht- und Systemwechsels im Ostblock wird Ceauşescu gestürzt und hingerichtet.
1990	Mit den ersten freien Wahlen Rumäniens kommt der Ex-Kommunist Ion Iliescu ans Ruder.
1993	Rumänien ist Vollmitglied im Europarat und strebt den Beitritt in NATO und EU an.
1996–2000	Nach ihrem Wahlsieg regieren unter Emil Constantinescu erstmals politisch unbelastete Konservativ-Liberale in Bukarest.
Ab 2000	Wegen der desolaten Wirtschaftslage gewinnt wieder Neu-Sozialdemokrat Iliescu die Regierungsmehrheit.
2004	Nach dem Besuch von US-Präsident George W. Bush 2002 gehört Rumänien zur zweiten NATO-Erweiterungsgruppe und zu den EU-Beitrittskandidaten.

Café in Constanța

Gut zu wissen

Dobrudscha

Die Dobrudscha (rumänisch ›Dobrogea‹) ist die in diesem Reiseführer beschriebene südöstlichste Landschaft Rumäniens: die Region zwischen der 245 km langen Schwarzmeerküste im Osten und der riesigen Donauniederung im Westen. Namensgeber ist Dobrotia, ein hiesiger Unabhängigkeitskämpfer aus dem 14. Jh.

Fotografieren

Filme und Ausrüstung sollte man von zu Hause aus mitbringen, um immer präpariert zu sein. Vor Ort sollte man dann möglichst nicht an militärischen Einrichtungen knipsen oder filmen, wo ein Kameraverbot gilt. Bevor man Menschen aufnimmt, sollte man, wie überall auf der Welt, in Wort oder Blickkontakt Einverständnis signalisiert bekommen haben. Von Roma wird man dann meistens um ein Trinkgeld gebeten. Museen, Klöster und Kirchen erheben von Besuchern häufig eine geringe Fotogebühr.

Handeln und Feilschen

In Geschäften verbietet sich das Feilschen von selbst. Aber auf Märkten versuche der, der's mag, bei teuren Produkten sein Glück, einen günstigeren Preis herauszuhandeln. Den Preis von Waren mit geringem Wert sollte man dagegen akzeptieren. Die Händler stehen sich dafür in diesem armen Land die ganze Reisesaison lang die Beine in den Bauch.

Internet-Cafés

Internet-Cafés finden sich zahlreich in Constanța und inzwischen auch in den Badeorten. Sie dienen oft zugleich als Treffpunkt der Jugend. Die Benutzungsgebühr ab einer halben Stunde ist gering. Die heimische Mailbox kann also leicht versorgt werden. Verfügbar ist auch eine Vielzahl von Computerspielen. Die Geschwindigkeit der Rechner lässt jedoch manchmal zu wünschen übrig.

Kirchen- und Klosterbesuche

Die Rumänen sind, wie wir sagen würden, ein frommes Volk. Gotteshäuser und Klöster sind bei den Menschen, die zu beachtlichen 96 Prozent den christlichen Kirchen angehören, heilige Orte. Es verbietet sich daher von selbst, hier als Tourist in allzu legerer Kleidung zu erscheinen und den Gläubigen den Respekt zu verweigern.

Klima und Reisekleidung

Am Schwarzen Meer sollte man mit milden Frühlings- und Herbst- sowie heißen Sommertemperaturen rechnen, die aber etwas niedriger als an den Mittelmeerstränden ausfallen. Leichte

Kleidung und ein guter Sonnenschutz sind also vonnöten und dazu ein Pullover für die frische Brise am Abend. Regen bleibt oft über Monate aus. In den meisten Hotels bestehen keine besonderen Kleidervorschriften.

Litoral

Mit ›Litoral‹ meint der Einheimische die Gesamtheit der rumänischen Schwarzmeerküste.

Mücken

An den Schwarzmeerstränden braucht sich kein Urlauber vor Stechmücken zu fürchten. Vor der sommerlichen Bootstour im Donaudelta oder in den Flussniederungen, wo gegen Abend schon einige Mücken schwirren könnten, empfiehlt sich dagegen Vorsorge mit gängigen Abwehrmitteln.

Nackte Haut

›Oben ohne‹ am Strand zu liegen, ist auch bei einigen Rumäninnen beliebt. Das Gros der Badenixen zieht jedoch den Bikini vor. Gänzlich nackt präsentiert man sich nur an extra ausgewiesenen Strandabschnitten. Auf der Strandpromenade zeigt man gerne Haut. In den Hotels oder beim Bummel durch Ortschaften und Städte hat man sich aber mit mehr als Badehose und -anzug gerüstet.

Preisniveau

Die Lebenshaltungskosten sind, auf Euro umgerechnet, in unseren Augen niedrig. Lebensmittel, Restaurantbesuche, Übernachtungen kosten weniger als etwa in Deutschland – es sei denn, man sucht Luxuseinrichtungen auf. Der Preis für Mietautos und im Westen produzierte Artikel, Telefon- und Portogebühren, der Eintritt in Vergnügungstreffs wie Freizeitparks und Modesportzentren usw., all das fällt dann aber beinahe ebenso hoch wie in der Heimat aus.

Reisezeit

Die Dobrudscha bereist man am besten in den warmen Jahreszeiten. Bade- und Kurtouristen sind an den Schwarzmeerstränden also am besten in der Saison von Mai bis September aufgehoben. Von den Badeorten aus startet man dann zu den attraktiven Ausflugszielen im Land. Naturliebhaber, Angler und Bootsfahrer sollten das Wasserparadies Donaudelta in den Frühlings- und Herbstmonaten anpeilen. Wobei der, der wirklich auf den großen Fang aus ist, die 60-tägige Schonzeit für Fische ab dem 1. April beachten sollte.

Fettnäpfchen

Ordne keiner das Land Rumänien, geographisch gesehen, dem Balkan hinzu – der endet an der südlichen Grenze in Bulgarien. Und bezeichne auch keiner die Sprache seiner Gastgeber oder Geschäftspartner als slawisch – Rumänen fühlen sich als Romanen. Die rumänische Sprache und Kultur ist hauptsächlich der der französischen, italienischen oder spanischen ›Vettern‹ verwandt. Mit dem mächtigen slawischen Nachbarn im Osten hat Rumänien zudem in der Historie schlechte Erfahrungen gemacht. Und nicht zuletzt: Seinem rumänischen Gegenüber proste auch möglichst keiner deutsch zu. »Prost« bedeutet nämlich im Karpatenland ›schwach‹, ›dumm‹ oder ›blöd‹. Rumänisch *Noroc!*, also ›Glück‹, ist da die passendere Bezeichnung.

Ein überquellendes Angebot: Souvenirstände an der Promenade in Costineşti

Sauberkeit

Nach Jahrzehnten des Kommunismus greifen die in Westeuropa üblichen Maßnahmen zur Pflege und Reinhaltung gemeinschaftlichen Besitzes in Rumänien wie in seinen Nachbarländern erst langsam. Gewöhnungsbedürftig sind für den Besucher also immer noch die Müllansammlungen in den Hochhaussiedlungen etwa in Constanţa, Mangalia oder Tulcea. Dagegen hat insbesondere an den Urlaubsorten die Bezirksregierung in den letzten Jahren durchgegriffen: Die Strandsäuberung klappt inzwischen, Straßenfeger sind eifrig bemüht, die Gehwege sauber zu halten, und man sieht nicht mehr so viele streunende Hunde.

Spartipps für Preisbewusste

Der Pauschalurlauber liegt meist mit einem Angebot inklusive Verpflegung – also Halb- oder Vollpension – preislich am besten. Wer nur die Anreise bezahlt hat, steige möglichst nicht in einem der großen Hotels ab und meide die protzigen Restaurants. In den Ferienorten, aber auch am Weg in Dörfern und Ortschaften künden Schilder mit der Aufschrift »camera liberă« von preiswerten freien Zimmern oder Ferienhäuschen. Und in der kleinen bescheidenen Gaststätte schmecken das Essen und der Tischwein dann nicht selten sogar besser als im Glitzer-Etablissement.

Stromspannung

Die Stromspannung beträgt in Rumänien 220 Volt. Auch die Form der Stecker und Steckdosen entspricht ganz der unsrigen.

Toiletten

Bei diesem Themenpunkt schraube der Tourist seine Ansprüche auch im Rumänien des 21. Jh. um einiges herunter. Außer in guten Hotels, Restaurants und Privatunterkünften sind saubere Anlagen, es sei beklagt, eher selten anzutreffen. Auf jeden Fall rüste man sich schon im Voraus mit Toilettenpapier aus.

Trinkgeld
Gerne nehmen rumänische Ober und Zimmermädchen Trinkgeld an. Die Höhe liegt im Ermessen des Gastes. 10 Prozent der Rechnung sind in Gaststätten ein gutes Mittel.

Verhaltensweisen
Es gibt Situationen, da gilt eine Zusage, die in Deutschland klar und unmissverständlich klingt und auch so verstanden wird, im Karpatenstaat nur als höfliche Antwort ohne Folgen, als halbes ›Ja‹. Denn hier wäre in solchen Fällen ein bestimmtes ›Nein‹ als distanzlose, fast unverschämte Antwort angesehen worden. In Zweifelsfällen sollte man also bei seinem rumänischen Gesprächs- oder Geschäftspartner lieber noch einmal höflich nachfragen.

Vorurteile
Mit negativen Vorurteilen hat der deutschsprachige Tourist an der Schwarzmeerküste nicht zu rechnen. Deutsche, Österreicher und Schweizer werden wie die eigene deutsche Minderheit als fleißig und erfolgsorientiert angesehen. Die westeuropäischen Staaten gelten in den Augen vieler an arge soziale Härten gewöhnter Rumänen ohnehin als etwas wie ein Schlaraffenland.

Zeit
Der Zeitunterschied zu Westeuropa beträgt ganzjährig plus eine Stunde. Auch im Karpatenland gilt Sommerzeit.

Zeitungen, Zeitschriften und Fernsehen
Ausländische Zeitungen und Zeitschriften sind an den Kiosken der großen Städte und Urlaubsorte sowie an den Rezeptionen der besten Hotels erhältlich. Rumäniens Presselandschaft selbst entspricht seit der politischen Wende längst dem westlichen Standard, reicht also vom anspruchsvollen Blatt bis zur Boulevardzeitung. Wichtige Tageszeitungen mit 100 000er-Auflage sind: ›Adevarul‹, ›România Liberă‹, ›Evinementul Zilei‹ u. a. Das Gleiche gilt für die Palette an Fernsehsendern, die man sich in jedes Hotelzimmer holen kann. Für jeden Geschmack ist etwas dabei, dazu für deutschsprachige Zuschauer die Auswahl der heimatlichen Privatsender. Speziell über das in Sachen Tourismus Aktuellste an der Schwarzmeerküste berichten der TV-Sender ›Neptun‹ und das in guten Hotels ausliegende Dreimonatsblatt ›Was, Wo, Wann: Constanţa‹ (per Internet anzuklicken, unter www.bucurestiwww.ro).

Souvenirs
Die typischsten Mitbringsel von den vielen kleinen Souvenirmärkten am Straßenrand und in den Dörfern sind Holzschnitzarbeiten, geknüpfte Wandteppiche sowie Stickerei- und Töpferwaren, die nach den Volkskunsttraditionen meist von Bauernfamilien in den kalten Karpatenwintern hergestellt worden sind. Auch nach alten Vorbildern gemalte Ikonen sowie moderne Malerei und Skulpturen werden gerne gekauft. Leider ist auf den Märkten nun auch massengefertigter Tand im Umlauf. Vorsicht besonders, wenn Antiquitäten und alte Ikonen im Spiel sind. Die lässt man sich am besten nicht an der Straße, sondern, mit Zertifikat versehen, im Ethnographischen Museum oder in einem Fachgeschäft verkaufen.

Feste & Unterhaltung

Flanieren angesagt: Mamaia am Abend

Feiertage

1. Jan.: Neujahr
April: zwei Osterfeiertage (meist eine Woche nach dem Termin der westlichen Kirchen)
1. Mai: Tag der Arbeit
1. Dez.: Nationalfeiertag
25./26. Dez.: Weihnachten

Kirchliche Feste

Rumänien ist eines der wenigen exkommunistischen Länder, in denen die Religiosität die Jahrzehnte des verordneten Atheismus überhaupt überlebt hat. Beachtliche 96 Prozent der Bevölkerung gehören heute den christlichen Kirchen an, davon 87 Prozent der Rumänisch Orthodoxen Kirche. Und für die sind die **Feiertage des Kirchenkalenders** auch im Alltag wichtig, so dass der Besucher in den vielen Kirchen und Klöstern oft auf feierliche Gottesdienste trifft. Man kann sich ruhig einmal mit hineinsetzen und die melodiösen liturgischen Gesänge genießen. Einen orthodoxen Gottesdienst darf man jederzeit wieder verlassen, ohne böse Blicke zu ernten.

Besonders feierlich begangen wird natürlich das **orthodoxe Osterfest.** Das Datum liegt in den meisten Jahren jeweils eine Woche nach dem in unseren Kirchen gefeierten Fest. Das symbolische Grab Christi ist schon am Karfreitag mit Blumen geschmückt worden. In der Nacht vom Ostersamstag zum Ostersonntag ziehen die Gläubigen mit Kerzen um ihre Kirchen, um den Weg des Herrn zur Auferstehung nachzugehen. Und am Sonntag selbst wird kräftig gefeiert: mit Lammbraten und allen Köstlichkeiten der Region. Mit rotgefärbten Eiern wünscht man einander Glück. In den Klöstern werden die kunstvoll bemalten Holzeier verteilt.

Natürlich ist auch das **orthodoxe Weihnachtsfest** ein Höhepunkt im Kirchenkalender. Es findet zeitgleich zu unseren Festtagen statt. Dann ziehen die Kinder mit selbst gebasteltem Bethlehem-Stab singend von Haus zu Haus.

Sommer-Festivals

Musikfestival in Mamaia

Ab **Mitte Juli** beginnen in Mamaias Sommertheater die verschiedenen Termine des traditionellen Musikfestivals. Rumäniens Stars der Unterhaltungsbranche treten hier nahe des Aqua-Magic-Freizeitparks in bunten Shows für die ganze Familie auf. Auf Plakaten sowie im örtlichen Rundfunk und Fernsehen werden die Termine bekannt gemacht. Eintrittskarten gibt's schon am Strand zu kaufen.

Bier-Festival in Mamaia

Ende Juli bis Anfang Aug. ist im Seebad Mamaia zwischen dem Vier-Sterne-Hotel Rex und dem Süßwassersee Siutghiol das Bierfestival des Schwarzen Meeres angesagt. Wer den Gerstensaft liebt, der kann sich hier jeden Abend durchs Sortiment kosten und an Wettbewerben, Konzerten und anderen Unterhaltungsereignissen teilnehmen.

Musikfestival im Donaudelta

Die Stadt Tulcea im Donaudelta ist **Anfang Aug.** Treffpunkt für Amateur-Musiker aus ganz Europa. Auch deutsche Bands fliegen ein und erleben hier ganz hautnah die Aufbruchstimmung Rumäniens mit, spüren den Wunsch der jungen Rumänen, in einem geeinten Europa mit dabei zu sein.

›Tag der Marine‹ in Constanţa

Am **15. Aug.,** am Tag der Jungfrau Maria, wird zu Ehren der Beschützerin der Seefahrt in Constanţas Hafen der ›Ziua Marinei‹, der ›Tag der Marine‹, gefeiert. Wer kein Interesse an den offiziellen Reden vor dem Marinezentrum in Cazino-Nähe hat, den unterhält zumindest die Show am Hafen, wo Schiffsparaden abgenommen werden und Taucher und Fallschirmspringer ihr Können zeigen. Rund 800 Zuschauer können hier Platz finden.

›Meerestage‹ in Costineşti

Auch der Badeort der Jugend hat im Sommer seine ›Sărbătorile Mării‹. Dann trifft sich die junge Schauspielergilde in Costineşti. Ein **Film-Festival** findet statt (›Festival de film pentru tineri‹), dazu ein **Jazz-Festival** (›Festival de jazz‹). Die Termine erfährt man über die lokalen Medien.

Jazz-Festival in Vama Veche

Sommerliche **Jazzmusikabende** haben seit ein paar Jahren Tradition in der Szenekneipe ›Bibi Bistro‹ in Vama Veche (s. S. 98) – derzeit der Künstlertreff überhaupt im Karpatenland. Die Termine erfährt man über die regionalen Medien.

Folklore-Treffs

›Zamfirs Hochzeit‹ in Eforie Nord

In jedem Hotel der Badeorte buchbar ist ein organisierter Folkoreabend, für den man per Bus ins Restaurant ›Nunta Zamfirei‹ nach Eforie Nord gefahren wird (s. S. 60). Hier bekommt der Besucher in einer Profi-Show einen ersten Eindruck von rumänischer Folkloremusik, vom Volkstanz und nicht zuletzt von den Gaumenfreuden der Schwarzmeerregion.

›Meerestage‹ in Constanţa

Vergleichbar unserem Karnevals- oder Fastnachtstreiben laufen in der Hafenstadt Constanţa meist am letzten August-Wochenende die ›Sărbătorile Mării‹, also die ›Feiertage des Meeres‹, ab. In blumengeschmücktem Umzug führt man sein Kostüm durchs Stadtzentrum aus. Man singt und tanzt, auch noch lange nachdem abends von den angedockten Schiffsriesen im Hafen ein rhythmisches Gehupe herüberdringt.

Folkore-Festival in Mamaia

Wiederum im Sommertheater im Seebad Mamaia. Nur einen Steinwurf vom Aqua-Magic-Freizeitpark entfernt geben sich an den **Juli-Wochenenden** die Volksmusik-Interpreten Rumäniens ein Stelldichein. Eintrittskarten für die unterhaltsamen Abendshows unter freiem Himmel werden schon am Strand verkauft.

Festival ›Callatis‹ in Mangalia

Ganze 1000 Sitzplätze sind jeweils **Anfang Aug.** am Touristenhafen von Mangalia vorbereitet für den jährlich größten Event am Schwarzmeerstrand: das ›Callatis‹-Festival (s. S. 79). In Zusammenarbeit mit den Rundfunk- und Fernsehsendern gehen hier an sieben Abenden hochkarätige Unterhaltungsshows über die Bühne. Insbesondere in der Kategorie Folklore sind alle Ensembles und Interpreten mit dabei, die derzeit auf der Erfolgswelle schwimmen. Dazu erklingen auch ›Europas Top-Hits‹, und die ›Miss Diaspora‹, also die schönste im Ausland lebende Rumänin, wird gewählt.

Sport-Events

Stadion Gheorghe Hagi

Das in den letzten Jahren modernisierte Sportstadion in der Str. Primăverii in Constanţa nicht weit entfernt vom Seebad Mamaia ist in der Saison jeden Samstag Austragungsort von Fußballspielen des heimischen Erstliga-Teams ›Farul (›Leuchtturm‹) Constanţa‹ oder der ebenfalls auf hohen Niveau spielenden Rugby-Mannschaft der Hafenstadt.

Sporthalle Constanţa

Am Bulevard Tomis 104 zwischen Constanţas Altstadt und dem Seebad Mamaia treffen gerade in den Sommermonaten seit Jahren Basketball-, Volleyball-, Handball-, Box- oder Ringer-Mannschaften aus ganz Europa zu beliebten Turnieren zusammen. Der Besucher kann Aha-Erlebnisse haben, wenn hier am Schwarzen Meer plötzlich sein heimisches Lieblingsteam aufläuft.

Ausgehen, Party, Szene

Altstadt Constanţa

Die Straßenzüge der großen multikulturellen Hafenstadt, die kleinen Bars, Fischrestaurants und Kneipen sind ein sicherer Tipp für einen urigen Abend (s. S. 48).

Mamaia, am Casino

Seit 2002 sorgt im Herzen von Mamaia (s. S. 68) eine gepflegte Park- und Konzertanlage für Stimmung. Unter Palmen und sprudelnden Fontänen ist bei klassischer oder Pop-Musik so etwas wie Mittelmeer-Flair zu spüren. Rund um das Casino erwartet den Gast eine Vielzahl internationaler Restaurants.

Mamaia, Venus, Jupiter

Die Diskotheken ›Scandinavia‹ (s. S. 72) in Mamaia, ›Calipso‹ (s. S. 98) in Venus und ›Club Paradis‹ (s. S. 65) in Jupiter genießen den besten Ruf. Hier ist jede Menge los, bis die letzten Nachtschwärmer gegangen sind.

Costineşti

Im sympathischen Badeort (s. S. 53) für die auch internationale Jugend lasse man sich einfach mal treiben. Die Atmosphäre ist auf jeden Fall peppiger als in den Familien-Ferienorten.

Kinder willkommen

Die Rumänen sind, Zeitungsberichten über die Not von Straßen- und Waisenkindern zum Trotz, generell sehr kinderlieb. Dreikäsehochs sind deshalb auch an der Schwarzmeerküste vielfach Könige: wenn man ihnen etwa in voll besetzten Bussen sofort Platz schafft oder sich im Restaurant über Malheurchen kaum aufregt. Gerade die Badeorte eignen sich besonders für kleine Gäste.

Hotelauswahl

Mit einer Unterkunft direkt am Strand, etwa von Mamaia, liegen Familien mit Kindern meist goldrichtig. Auch in Jupiter, Cap Aurora, Venus, Saturn, Eforie Nord und Süd sowie Olimp braucht man als Gast in vielen Hotels zum Strand keine Straßen zu überqueren. In Neptun führt der Weg zum Meer an zwei Süßwasserseen vorbei. Bei mehrstöckigen Hotels informiere man sich vorher, ob Lifts vorhanden sind.

Kinderbetreuung

Einige Reiseveranstalter haben sich auf ›Kids-Club‹-Angebote spezialisiert, so etwa in einigen Hotels der Badeorte Jupiter (s. S. 64) und Saturn (s. S. 87). Man achte jedoch darauf, dass die Betreuung der Kleinen auch deutschsprachig ist.

Strände

Rumäniens Küste bietet reichlich Platz zum Spielen und für Aktivitäten rund ums Wasser. An den meist langen und breiten feinsandigen Stränden lassen sich Ritterburgen bauen und Fußbälle schießen. Im flach abfallenden Wasser können Kleinkinder ohne Gefahr plantschen, tauchen oder einfach nur herumtoben. Die **Wassertemperaturen** liegen in den Sommermonaten Juni–Sept. zwischen 19 und 23 °C. Mit hohen Wellen ist im Sommer kaum zu rechnen – das Schwarze Meer gebärdet sich meist friedlich. Auch die Gezeiten, Ebbe und Flut, sind nicht wahrnehmbar. Wenn Quallen auftreten, so sind das am Küstensaum nie Feuerquallen.

Unternehmungen

Besonders attraktiv sind in den Badeorten das (Wasser-)Trampolin-Springen, das (Tret-)Bootfahren sowie die Wasserrutschen in den Aqua-Parks von Mamaia und Saturn. Fast jedes Hotel hat zudem einen Swimmingpool, manche auch besondere Attraktionen für Kinder. Überall werden Mehrpersonen-Fahrräder angeboten. Ausflugsfahrten per Schiff sind buchbar. In Constanţa locken das große Aquarium und das Delphinarium (s. S. 50), bei Mangalia Reitpferde (s. S. 31).

Klima- und Essenverträglichkeit

Die Sommer am Schwarzen Meers werden selten so heiß wie die am Mittelmeer. Auch Kinder können also – mit entsprechendem Sonnenschutz – lange draußen herumtollen. Seit viele Restaurants auf ein Buffetangebot westlichen Stils umgestellt haben, findet sich auch für die lieben Kleinen immer etwas Köstliches. Mit der Bedienung lässt sich meist die in Portion, Beilagen und Preis passende Mahlzeit aushandeln.

Reisen mit Kleinkind

Kleinkinder kann man am Nachmittag am Strand krabbeln und im seichten Wasser spritzen lassen. Einwegwindeln sind in Supermärkten erhältlich. Die gewohnte Babynahrung bringt man aber am besten von zu Hause mit.

Übernachten

Nur ein paar Schritte zum Strand: Hotel Rex in Mamaia

Übernachtung mit Frühstück: Angebot und Standards

In der touristisch gut erschlossenen Schwarzmeerregion mangelt es nicht an Unterkunftsmöglichkeiten mit oder ohne Frühstück bzw. mit Halb- oder Vollpension. Jeder Badeort, jede Stadt verfügt über ein differenziertes Angebot. Und auch in Dörfern findet sich fast immer mindestens ein **Privatzimmer**, wo man gastfreundlich bewirtet wird. Ansonsten reicht das Angebot von der Pension bis zum Fünf-Sterne-Luxushotel.

Als äußerst preiswerte Art der Unterkunft sind **Pensionen** für den, der keine Ansprüche stellt, besonders in kleinen Orten zu empfehlen. Man kann schon für umgerechnet 20 €/Person und Woche ein Zimmer bekommen. Die Privatbesitzer bemühen sich um ihren Gast. Vor Beziehen der Zimmer sollte man jedoch die sanitären Anlagen begutachten.

Auch in **Ein-Stern-Hotels** sind Gemeinschaftstoiletten und -duschen zu prüfen. Wenn die Häuser nicht ambitioniert betrieben werden, können sie für westliche Besucher eine Zumutung sein.

Auch im **Zwei-Sterne-Hotel** kann im Voraus ein Blick in Zimmer und Toilette nicht schaden. In Privathotels stimmt das Angebot in Sachen Sauberkeit und einfacher Ausstattung meist.

Die Kategorie **Drei-Sterne-Hotel** entspricht in Sachen Zimmerausstattung, sanitäre Einrichtungen und Verpflegungsangebot dem des ›normalen‹ westeuropäischen Hotels. Häuser mit drei und mehr Sternen werden von den Pauschalveranstaltern angeboten und haben Swimmingpool und Strandservice, Nachtbar und Kabel-TV. Meist sind Frisier- und Kosmetiksalons angeschlossen. In den Restaurants stehen Buffets bereit. Für den Westeuropäer sind diese Hotels noch recht preiswert.

Ein eklatanter Preissprung zu den Drei-Sterne-Häusern kennzeichnet die Kategorie der **Vier-Sterne-Hotels**. Dafür bekommt der (Pauschal-)Gast einiges mehr geboten: Kinderbetreuung, eine exklusivere Küche, Fitnessräume und Diskothek im Haus, Internetanschluss, Konferenzräume, oft behindertengerechte Ausstattung u. ä.

Die Zahl der **Fünf-Sterne-Luxushotels** an Rumäniens Küste wächst in jeder Saison. Hier werden, vergleichbar dem Angebot in Westeuropa, höchste Ansprüche erfüllt. Diese Hotels präsentieren sich meist als ideale Kongresszentren oder Eldorados für Sportinteressierte. Man muss aber dafür auch tiefer ins Portemonnaie greifen.

Appartements

Vier- und Fünf-Sterne-Häuser bieten meist auch ein paar Appartements in ihren Räumlichkeiten an. Das für Westeuropäer ›normale‹, also Drei-Sterne-Appartement ist an Rumäniens Küste aber noch ganz selten zu mieten.

Ferienhäuser

Tradition hat dagegen in vielen rumänischen Badeorten die Ferienhaus-Siedlung direkt am Strand. Das Angebot der *cabane* reicht vom Minihäuschen bis zum Mehrzimmer-Domizil. Angeschlossen sind meist Verpflegungsmöglichkeiten und Unterhaltungsangebote.

›Ferien auf dem Lande‹

Der so genannte Agrotourismus ist an Rumäniens Küste im Kommen. Von der Ausstattung her ist westliches Niveau zu erwarten. Übernachtungsverzeichnisse liefert:
Antrec, Str. Maica Alexandra 7, Sector 1, Bukarest, Tel. 021/223 70 24, Fax 222 80 01, www.antrec.ro.

Übernachten plus Wellness

Man kann sich individuell in einem der den rumänischen Kurkliniken direkt angeschlossenen Hotels einmieten. Auch Kurangebote mit Unterkunft kann man bei den großen Rumänien-Veranstaltern pauschal buchen.

Campingplätze

Am Rande der rumänischen Badeorte warten meist in schöner Strandlage eine ganze Reihe von Campingplätzen auf Nutzer. Angeschlossen sind Restaurants und Lebensmittelläden. Die sanitären Einrichtungen lassen aber leider oft sehr zu wünschen übrig.

Jugendherbergen

Diese Unterkunftsart ist in Rumänien noch kaum vorhanden. Und wenn, dann sind Toiletten und Duschanlagen für den Westeuropäer meist ein Gräuel. Privatpensionen sind eine gute Alternative.

Urlaubsplanung nach Orten

Die Hafenstadt **Tulcea** (s. S. 92) im Norden ist der beste Ausgangspunkt für Donaudelta-Rundfahrten oder -Angeltouren. Länger als nötig zu bleiben lohnt aber kaum. Tulcea ist im Vergleich zu den Badeorten der Küste tiefste Provinz.

In Rumäniens langjährigem Jugendferienort **Năvodari** (s. S. 81) wurden mittlerweile moderne Übernachtungsmöglichkeiten geschaffen – hier stimmt das Preis-Leistungsverhältnis. Man meide jedoch die inzwischen unzumutbaren Sammelunterkünfte für Kinder.

Mamaia (s. S. 68), die Landzunge zwischen Schwarzem Meer und Süßwassersee Siutghiol, ist derzeit zweifellos der rumänische Badeort für die höchsten Ansprüche: mit dem längsten Sandstrand, der besten Gastronomie, einem turbulenten Nachtleben und durch die Nähe zu Constanţa ideal für Ausflüge zu Kulturzielen sowie für Touren durch das ganze Land.

Wegen der Nähe zu den Wellness-Einrichtungen in den großen Hotels reisen aus Westeuropa besonders Kurgäste nach **Eforie Nord und Süd** (s. S. 59und 62). Die Strände sind eher klein und überfüllt, Restaurants und Nachtleben inzwischen wieder recht ansprechend. Tourenangebote führen ins ganze Land.

Das Seebad **Costineşti** (s. S. 53) hat sich zum lebendigen und attraktiven Jugendtreffpunkt am Schwarzen Meer gemausert. Bezahlbare Unterkünfte, ein riesiger Strand, gemütliche Restaurants und ein flottes Nachtprogramm locken.

Von westlichen Standards (Unterkunft, Gastronomie, Strandservice, Nachtleben, Ausflugsprogramm) her empfehlenswert sind von den zur Stadt **Mangalia** gehörenden Orten Olimp, Jupiter, Cap Aurora, Venus, Saturn derzeit nur **Neptun** (s. S. 83) sowie Einzelhotels

Essen & Trinken

Am späten Abend füllen sich die Restaurants

Eine reich gedeckte Tafel

Irgendwie hat Rumänien auch in punkto Essen und Trinken immer noch ein schlechtes Image. Hatte es da während der kommunistischen Diktatur nicht geradezu Hungerjahre gegeben, in denen auch die Touristen in den Schwarzmeer-Badeorten mit zugeteilt kleinen Portionen zufrieden sein mussten – worauf sie lange Jahre nicht wiederkommen sollten?

Diese Zeiten sind längst vorbei. Heute sind auf den Märkten und in den Läden des Landes alle nur erdenklichen Lebensmittel jederzeit zu erstehen. Dazu stellen sich Früchte, Gemüse, Milch- und Fleischprodukte im Karpatenland oft als schmackhafter heraus, da sie meist nicht behandelt auf den Markt kommen. Und auch in den Restaurants Rumäniens kann sich längst jeder wieder satt essen, ja kann regelrecht schlemmen, wenn die Geldbörse mitmacht.

Das große Hotel-Buffet

In den letzten Jahren sind die Pauschalanbieter in den Badeorten nun auch dazu übergegangen, ihre Gäste in den Vertragshotels mit den in den Konkurrenzländern längst selbstverständlichen Essensbuffets zu verwöhnen. Ein von regelmäßigen Rumänien-Fahrern lang gehegter Wunsch ist damit in Erfüllung gegangen. Und damit stimmt nun endlich auch für sie das entsprechende Preis-Leistungsverhältnis im internationalen Vergleich.

Essgewohnheiten und -zeiten

Die Essenszeiten in rumänischen Restaurants sind die gleichen wie im westlichen Ausland, obwohl man im Karpatenland privat, wie in Südeuropa allgemein üblich, gerne auch am späten Abend noch warme Speisen zu sich nimmt. Generell genießt der Rumäne, schon der netten Atmosphäre wegen, ausgedehnte Mahlzeiten im Familien- und im Freundeskreis. Dabei erscheint meist die gesamte Menüpalette auf dem Tisch. Immer steht frisches weißes Brot bereit, dazu Mineralwasser und Tischwein oder Bier. Und man verlässt auch nicht ohne einen süßen Nachtisch die Tafel. Aber es ist übertrieben zu behaupten, Rumänen begleiten jeden Gang ihrer Mahlzeiten mit einem Schluck Ţuica, also dem heimischen Pflaumenschnaps. Der hat's nämlich in sich und wird, besonders auf dem Dorf, hauptsächlich als Begrüßungs- und als Verdauungstrank genossen.

Frühstück (fast) wie zu Hause

Steigen wir also mit einem kräftigen *Pofta bună!*, also »Guten Appetit!«, ein in die rumänische Speisekarte. Für das

Frühstück sind Kaffee, Kakao, Tee, Obstsäfte, Butter, Marmelade, Honig, pikante Wurst, Schinken, Gemüsesalate, Schnittkäse und Eier vorgesehen. Dazu werden weißes Brot, Brötchen oder Hörnchen gereicht. In den Urlaubsorten bemüht man sich auch, für den deutschen Gast zumindest Graubrot hinzustellen.

Mittag- und Abendessen

Mittags und abends werden meist warme Gerichte serviert. Man beginnt mit einer herzhaften **Vorspeise,** etwa einer Pastete mit Zwiebeln, mit Schafskäse gefüllten Eiern, mit Karpfenkaviar oder einem Brotaufstrich aus Auberginen. Dazu munden die garantiert sonnengereiften, fast süßen Tomaten, die Gurken und Paprika der Schwarzmeerregion prächtig (s. auch Kulinarisches Lexikon, S. 26).

Leicht säuerlich sind dann beim nächsten Gang die **Suppen,** die mit reichlich Sauerrahm verfeinert wurden.

Als **Hauptgericht** werden alle nur möglichen Fleischsorten in vielfach pikanter Kombination mit Gemüsearten gekocht, gebraten oder gegrillt. Wer schon einmal an der Schwarzmeerküste und in der Nähe des Donaudeltas weilt, sollte sich unbedingt auch frischen Fisch und Meeresfrüchte bestellen. Dazu werden Kartoffeln, Pommes Frites, Reis und gerne auch die typische *Mamaliga,* der Maisbrei, oder auch nur frisches Weißbrot verzehrt.

Käsespezialitäten stehen bereit. Und als **Nachtisch** gibt es natürlich die verschiedenen, für unseren Geschmack ziemlich süßen Törtchen.

Besondere Restaurants

Empfehlenswert sind bei der Restaurantwahl auf jeden Fall die möglichst privat geführten Gaststätten, die sowohl kulinarische Qualität als auch gewohnten Service garantieren. Um die großen staatlichen Etablissements der Sorte ›sozialistische Einheitskantine‹ mache man einen großen Bogen. Das rumänische **Restaurant** entspricht dabei in seinem Angebot dem deutschen. Qualitätssterne am Eingang weisen auf Durchschnittsküche oder Haute Cuisine hin.

Das **Bistro** ist ein Restaurant für den Eiligen mit einer Auswahl schnell hergestellter Gerichte und Getränke. In der **Bar** kann man sich neben alkoholischen und nicht alkoholischen Getränken auch Kleinigkeiten zum Essen bestellen.

Die **Patiserie** ist auf salzige Häppchen, die mit Käse oder Gemüse gefüllten Teigtaschen *placinta*, sowie auf Säfte wie *braga*, den traditionellen Brottrank, spezialisiert.

In der **Cofetarie** bestellt man sich zum Kaffee oder Kakao die typischen süßen Törtchen *prajitura*.

Und nur zum Genuss alkoholischer Getränke kehrt man in der **Bereria** (*bere* heißt Bier) oder in der **Cârciuma,** der ›Kneipe‹, ein.

In Urlaubsorten und großen Städten sind seit ein paar Jahren übrigens dann auch die **Schnellimbiss-Restaurants** der diversen auch uns bekannten Ketten im Vormarsch.

Das Preisniveau

Die Preise für Speis und Trank in normalen rumänischen Restaurants sind für den Westeuropäer, dem günstigen Wechselkurs sei's gedankt, im Schnitt ein gutes Viertel günstiger als zu Hause. In den Vier- und Fünf-Sterne-Häusern muss man aber inzwischen schon mit einem ähnlich hohen Preisniveau rechnen wie zu Hause. Die in diesem Reiseführer bei den Restaurants genannten Preise gelten pro Person für ein Mehrgängemenü incl. Getränk.

Kulinarisches Lexikon

Frühstück

Brânză – Käse
Cacao – Kakao
Cafea – Filterkaffee
Cafea nes – Neskaffee
Cafea naturală – Mokka
Cărnat – pikante Wurst
Caşcaval– Schnittkäse, im Geschmack ähnlich dem Emmentaler
Ceai – Tee
Chifle – weiße Brötchen
Ciocolata – Schokolade
Covrigi – Hörnchen
Dulceaţa – Konfitüre
Miere – Honig
Nectaruri – Obstsäfte
Lapte – Milch
Ouă – Ei
Pâina neagră – ›schwarzes‹, es handelt sich in in Wirklichkeit aber höchstens um Graubrot
Pâine – meist weißes Brot
Salam de Sibiu – Hermannstädter Salami
Şunca – Schinken
Telemea – Fetakäse
Unt – Butter

Vorspeisen

Borş de peşte – Fischsuppe
Ciorba de burtă – Kuttelnsuppe
Ciorba des văcuţa – Rindfleisch-suppe
Crema de ciuperci – Pilzsuppe
Icre – Karpfenkaviar, Fischrogen
Plăcinta cu brânza – (salzige) Pastete mit Käse
Plăcinta cu dovleac – (süße) Pastete mit Kürbis
Ouă umplute – gefüllte Eier
Salata cu vinete – Auberginen-aufstrich

Hauptspeisen

Ardei umplut cu carne – mit Fleisch gefüllte Paprika
Clătite cu brânza – Eierkuchen mit Schafskäse
Curcan umplut – gefüllte Pute
Friptura de porc cu cartofi – Schweinebraten mit Kartoffeln
Friptura de viţel cu orez – Kalbsbraten mit Reis
Friptura de vita cu macaroane – Rinderbraten mit Nudeln
Ghiveci cu carne de oi – Mischgemüse mit Lammfleisch
Limba cu măsline – Zunge mit Oliven
Mămăliga (Mămăliguţa) cu smântâna şi brânza – Maisbrei mit Sauerrahm und Schafskäse
Mititei (Mici) – Rinderhackfleisch-Bällchen
Musaca de vinete – Auberginenauflauf mit Fleisch
Peşte – Fischgericht
Roşii umplute cu carne – mit Fleisch gefüllte Tomaten
Sarmale în foi de varză – mit Fleisch gefüllte eingelegte Kohlblätter
Şniţel vienez – Wiener Schnitzel
Tochitura dobrogeană – Deftiges Fleischgericht mit Spiegelei und Maisbrei speziell aus der Dobrudscha-Region

Fleisch

Carne de capră – Ziegenfleisch
Carne de căprioară – Rehfleisch
Carne de cerb – Hirschfleisch
Carne de curcan – Putenfleisch
Carne de găina – Hühnerfleisch
Carne de gâsca – Gänsefleisch
Carne de iepure – Kaninchenfleisch
Carne de păsări – Geflügelfleisch

Carne de miel – Lammfleisch
Carne de oaie – Schafsfleisch
Carne de porc – Schweinefleisch
Carne de porc mistreţ – Wildschweinfleisch
Carne de văcuţă – Rindfleisch
Carne de viţel – Kalbfleisch
Creier – Gehirn
Ficat – Leber
Limbă – Zunge

Fisch

Crap – Karpfen
Peşte de spadă – Schwertfisch
Scoică – Muschel
Somon – Lachs

Gemüse und Beilagen

Ardei – Paprika
Cartofi – Kartoffeln
Castravete – Gurke
Ceapă – Zwiebel
Ciuperci – Pilze
Conopidă – Blumenkohl
Dovleac – Kürbis
Fasole – Bohnen
Măsline – Oliven
Mazăre – Erbsen
Morcov – Möhre
Orez – Reis
Porumb – Mais
Ridiche – Rettich
Roşie – Tomate
Spanac – Spinat
Usturoi – Knoblauch
Varză – Kohl
Vinetă – Aubergine

Süßes und Backwaren

Baclava – Blätterteigkuchen in Sirup
Clătite – Eierkuchen
Clătite cu dulceaţa – Eierkuchen mit Konfitüre
Cozonac cu nuca – Nusskuchen
Gogoşi – Berliner
Ingheţata – Speiseeis
Orez cu lapte – Milchreis
Plăcinta – süße Törtchen

Obst

Banană – Banane
Caisă – Aprikose
Căpşună – Erdbeere
Castană – Kastanie
Lămâie – Zitrone
Mere – Äpfel
Migdală – Mandel
Mură – Brombeere
Nucă – Nuss
Pepene – Melonen
Pere – Birnen
Piersici – Pfirsiche
Portocală – Apfelsine
Prună – Pflaume
Stafidă – Rosine
Struguri – Trauben
Zmeură – Himbeere

Getränke

Apa minerală ›Borsec‹, ›Harghita‹, ›Tuşnad‹ – Mineralwassersorten aus den Karpaten
Braga – Brottrunk
Bere – Bier
Espresso, Cappuccino – Espresso, Cappuccino
Lichior de nuci verzi – Likör mit Nussgeschmack
Şampanie – Sekt
Suc de mere – Apfelsaft
Suc de pore – Birnensaft
Suc de portocale – Orangensaft
Suc de strugura – Traubensaft
Ţuica – Pflaumenschnaps
Vin roşu – Rotwein
Vin alb – Weißwein

Aktivurlaub

Voll im Trend: Fußball am Strand

Von Trendsport bis Wellness

Die Auswahl für Sportbegeisterte und Wellness-Fans ist an Rumäniens Schwarzmeerküste groß, wenn auch, verglichen mit westeuropäischen Badeorten, nicht eben spektakulär. Von Swimmingpools kann man in beinahe jedem Hotel ausgehen, von extra Fitnessräumen zumindest in jedem Vier- oder Fünf-Sterne-Haus. An den breiten feinsandigen Stränden treffen sich die Volleyball- und Fußball-Begeisterten. Regelmäßig werden hotelintern oder Badeorte-übergreifend Turniere ausgetragen. Basketballkörbe, Tretboote und Minigolfanlagen können überall genutzt werden. Auf sportliche Kinder warten im Meer und am Strand Trampolinanlagen. Die Palette der so genannten Trendsportarten vergrößert sich derzeit jede Saison. Und in Sachen Wellness haben auch Rumäniens Kureinrichtungen zwar noch nicht jeden Modetrend erfasst, können aber auf eine bewährte Tradition aufbauen.

Angeln

Wer seine Angelrute mitgebracht hat, der kann damit viele ruhige Stunden an den Ufern des Schwarzen Meeres und der vielen Süßwasserseen im direkten Umfeld verbringen. Die Hotels vermitteln auch Mietruten. Regelrecht spannend wird's bei Anglertouren im riesigen Donaudelta, wo es von den unterschiedlichsten Fischarten nur so wimmelt. Schon von den Badeorten oder dann vom Hafen Tulcea (s. S. 92) aus lassen sich verschiedene Anglertouren buchen. Wer nicht in der Gruppe ausfahren will, sollte aber, schon der eigenen Sicherheit wegen, nicht auf einen ortskundigen Führer verzichten. Die Wasserstraßen im Delta verändern sich nämlich ständig, so dass der Fremde bald die Orientierung verliert. Hier ist auch die 60-tägige Schonzeit für Fische ab dem 1. April jeden Jahres zu beachten. Beratung beim:
Kreisverband der Sportangler,
8800 Tulcea, Str. Isaccea 10,
Tel. 02 40/114 04.

Baden

Rumäniens Strände sind alle feinsandig und fallen besonders flach ins Wasser ab, sind deshalb ideal für den Familienurlaub. Kinder können im goldgelben Sand Muscheln suchen, Burgen bauen und Ball spielen. Die Wasserqualität ist in der Saison gut, die Temperaturen angenehm; sie liegen in den Sommermonaten bei ca. 19–23 °C. Kleine Tauchfreunde können Krebse und Fische beobachten. Es gibt kaum Quallen, und wenn, dann keine Feuerquallen. Auch gefährliche Strömungen sind im Uferbereich nicht auszumachen. Bojen weisen die sicheren Schwimmgebiete aus. Die Küstenwache (›Salvamar‹) ist in allen Urlaubsorten an den verschiedenen Strandabschnitten bzw. per Boot mit ihren rotgekleideten Rettungsschwimmern präsent. Speziellen Strandservice mit dem Verleih von Liegestühlen und Schirmen sowie einem Getränkeangebot gibt es inzwischen in allen Badeorten. Die früher zahlreichen fliegenden Händler sind dagegen heute alle von den Stränden verschwunden. Und auch die Strandsäuberung funktioniert inzwischen bestens.

Bootfahren

An den verschiedenen Bootsverleihpunkten kann man in den Badeorten auch Kajaks mieten und mit ihnen über die meist relativ zahmen Schwarzmeerwellen fliegen. Auf den diversen Süßwasserseen nahe der Küste überwiegt der Verleih von Ruder-, Paddel- und Tretbooten.

Bungee Jumping

In den Sommermonaten laden in den großen Badeorten spezielle Anlagen zum Bungee Jumping ein. Gelegentlich steht ein Anbieter auch im großen Aqua Magic-Freizeitpark in Mamaia (s. S. 70).

Klettern – Climbing

Auf einer ganzen Reihe aufblasbarer riesiger Kletterberge im Uferbereich kann in den große Badeorten tüchtig und

Die schönsten Strände

Den mit beinahe 10 km längsten und bis zu 200 m auch sehr breiten Naturstrand besitzt zweifellos der derzeit attraktivste rumänische Badeort **Mamaia** (s. S. 68) im Norden Constanţas. Besonders feiner Sand und ein kinderfreundlich flaches Küstengewässer nebst Sandbänken laden zum Sonnen und Schwimmen ein. An der Uferpromenade wächst viel Grün. Autos sind hier unerwünscht. Zum Norden Mamaias hin werden die Strandabschnitte breiter und, da weiter von Constanţa entfernt, auch an den Wochenenden weniger bevölkert. Wo die Hotels im Norden Mamaias enden, sind die Camper und Strandwanderer ganz unter sich.
Damit verglichen sind die Strände der meisten anderen Badeorte im Süden Constanţas, die von **Eforie Nord** (s. S. 59) und **Süd** (s. S. 62) sowie **Neptun** (s. S. 83)**, Saturn** (s. S. 87) und **Olimp** (s. S. 85) überschaubarer, aber auf ihre Art nicht weniger reizvoll. Auch hier ist von feinem Sand und grünem Ambiente auszugehen. Und zumindest die erste Hotelphalanx wird zur Küste hin nicht von Pkw-befahrenen Straßen beeinträchtigt. In Eforie Nord und Süd sowie in Olimp steigt man erst über Treppen zum Strand hinab. An den Wochenenden ist zumindest in Eforie Nord von sehr vielen Badefreunden aus dem Inland auszugehen. An den zwei großen Süßwasserseen in Neptun kann man mit Bootsverleihern rechnen.
Die Sandstrände von **Saturn** und **Cap Aurora** (s. S. 43) gruppieren sich um kleinere, von großen Steinen wellengeschützte Badebuchten. Der Jugendtreff **Costineşti** (s. S. 53) und der Ort **Venus** (s. S. 98) warten wiederum mit großen breiten Stränden sowie mit Süßwasserseen im Hinterland auf. **Mangalias** (s. S. 76) Strand ist ebenfalls groß. Aber hier sind in Sachen Attraktivität Abstriche zu machen: Man befindet sich immerhin inmitten einer 50 000-Einwohner-Stadt.

Wellness-Angebote und Kur-Aufenthalte

Man sagt, dass ein Drittel aller europäischer Mineral- und Thermalquellen – insgesamt 3000 – in Rumänien zu finden ist. Dabei nutzt man noch gar nicht alle konsequent. Besonders in den rumänischen Karpatenregionen versprechen eine Vielzahl von Kurorten Linderung bei diversen Krankheiten.
Wobei man bei dieser Rechnung noch gar nicht die Faulschlammvorkommen und Meerwasser-Therapieverfahren der Schwarzmeer-Kurorte hinzugezählt hat. Gerade diese ziehen auch Gäste aus dem Westen immer wieder an. Zumal, wenn sich hier an den Sandstränden ein Kuraufenthalt bestens mit einem Badeurlaub verbinden lässt. Den Heilschlamm bezieht man dabei aus den vielen der Küste vorgelagerten Süßwasserseen.
Außerdem greift man im Geburtsland der bekannten Ärztin Ana Aslan auch auf die Anti-Aging-Behandlungsmethoden dieser Grande Dame der Gerontologie zurück, deren Erkenntnisse längst auch in westlichen Kliniken angewandt werden. Manche Schönheitskur schließt sich dann dem medizinischen Teil noch an.
Dabei sind diese Kuranwendungen am Schwarzen Meer, verglichen mit denen westeuropäischer Bäder, auch nicht teuer. So kann also Vollpension in einem gut ausgestatteten rumänischen Drei-Sterne-Kurhotel mit Behandlung durch qualifiziertes Personal richtig preiswert sein (pro Woche ab ca. 350 €). Es informiert z. B. Litoral SA, Mamaia, Tel. 02 41/83 11 52. Kuren lassen sich natürlich auch von Deutschland aus direkt pauschal buchen.

Ein Blick auf die Schwarzmeer-Orte, die Kurbehandlungen anbieten (Näheres unter den jeweiligen Orten):
Eforie Nord: im bekannten Kurzentrum Efosan ist man auf die Behandlung von rheumatischen Entzündungen, Nervenleiden, Kreislaufstörungen, Hautkrankheiten, Atmungsleiden und Unfruchtbarkeit spezialisiert (s. S. 59).
Eforie Süd: Im Kurzentrum Băile Rece rückt man ebenfalls Rheumatismus, Knochen- und Hauterkrankungen zu Leibe (s. S. 63).
Mamaia: Innerhalb des Hotels Iaki arbeitet man nach den Methoden von Ana Aslan (s. S. 72).
Mangalia: Das Kurzentrum Mangalia und das gleichnamige Balnearische Sanatorium sind Spezialisten für die Schlamm- und Paraffinbehandlung, für Pflanzenbäder und Hydrotherapie (s. S. 77).
Neptun: Das Doina-Kurzentrum hat sich insbesondere der Heilung von Frauenkrankheiten und der Behandlung von Rheuma verschrieben (s. S. 83).
Saturn: Innerhalb des Kurhotels Hora behandelt man nach den Ana-Aslan-Erkenntnissen (s. S. 87).
Techirghiol: Im Balnearischen und Medizinischen Sanatorium dreht sich alles um Sapropelschlamm und das mineralhaltige Süßwasser des örtlichen Sees (s. S. 92).

kostenlos geübt werden. Wer scheitert, fällt in die Schwarzmeerwellen.

Minigolf

Sehr beliebt ist Minigolf. In den meisten Badeorten existieren Anlagen.

Paragliding

Auch für diese Trendsportart gibt es inzwischen einige Anbieter im Küstenbereich und an den Süßwasserseen in Mamaia und Neptun.

Radfahren

Mit dem gemieteten Drahtesel, möglichst mit dem Mehrpersonenrad macht man sich in Rumäniens Badeorten an Tagen mit bedeckten Himmel gerne auf die Fahrt über die Strandpromenaden. Vier Fahrer plus ein Kleinkind haben da auf der größten Variante bequem Platz. Die Modelle sind modern und fahrtüchtig. Seit neuestem machen den Rädern aber die knatternden Motorroller Konkurrenz, die besonders von der Jugend gerne über den Korso gefahren werden.

Reiten

In der Nähe einiger Badeorte warten an den Stränden Reitpferde auf Kunden. Eine gute Adresse für Reitsportfans ist das bekannte Pferdegestüt bei Mangalia (s. Tipp-Kasten und S. 77).

Segeln

Das Schwarze Meer als Binnenmeer lockt zwar nicht gerade die Hochleistungssegler, ist aber in den warmen Monaten ein beliebtes Revier. Manch Segelfan hat im Sommer sein Boot im Touristenhafen von Constanţa angelegt. Aber auch an Mietboote kann man kommen. In den Häfen und den Badeorten werden sie in verschiedenen Größen stunden- und tageweise angeboten.

Surfen und Wasserski

Der Wellengang am Schwarzen Meer ist im Sommer generell nicht so hoch, dass Hochleistungs-Surfer hier ihr bevorzugtes Revier finden würden. Aber von den kleinen Bootsstationen der Badeorte aus starten regelmäßig Motorboote zu Touren mit Wasserski-Fahrern im Schlepptau.

Tauchen

Im Schwarzen Meer trifft man zwar ab und an Schnorchler an, die Fischen und Krebsen am Meeresboden nachschwimmen. Doch der Tauchsport hat an Rumäniens Küste eigentlich keine Tradition. Es gibt also noch keine Tauchschulen. Und dem Rumänen fiele es auch nicht ein, in einem der vielen Süßwasserseen in Ufernähe abzutauchen.

Tennis

Eine ganze Reihe von auf Sportangebote spezialisierten Hotels an Rumäniens Küste besitzen ihr eigenes Tennis-Terrain. Die anderen vermitteln gerne Trainings- oder Übungsstunden auf der nächsten öffentlichen Tennisanlage.

Reiten in Mangalia

Auf dem Gestüt Mangalia kann man Reiten lernen mit ganz besonderen Pferden. Zur Verfügung stehen während der Saison 80 ausgesuchte Rassepferde. Die Tiere sind für ihre Schönheit und Disziplin bekannt und wurden schon in einigen internationalen Filmproduktionen erfolgreich eingesetzt (Gestüt Mangalia, Tel. 02 41/75 13 25, April–Sept. tgl. 8–12 und 15–18 Uhr).

Sprachführer

Allgemeines
Guten Tag – Bună ziua
Guten Abend – Bună seara
Auf Wiedersehen – Larevedere
Hallo – Alo
Wie geht's? – Ce faci?
Danke, gut. – Bine, mulţumesc.
Bitte / danke – Vă rog / mulţumesc
Entschuldigung – Scuzaţi
Ich heiße – Mă numesc
Wo ist …? – Unde este…?
Wann? – Cănd?

Zeit
Montag – luni
Dienstag – marţi
Mittwoch – miercuri
Donnerstag – joi
Freitag – vineri
Samstag – sâmbăta
Sonntag – duminica
Feiertag – zi de sărbătoare
Minute – minut
Stunde – ora
Tag – zi
Woche - săptămâna
Monat – luna
Jahr – anul
Zeit – timpul
Heute – azi
Gestern – ieri
Morgen – mâine
Morgens – dimineaţa
Mittags – la prânz
Nachmittags – după-amiaza
Abends – seara
Vor / nach – înainte / după
Früh / spät – devreme / târziu

Notfall
Notfall – urgenţa
Hilfe – ajutor
Polizei – poliţia
Arzt – medicul
Unfall – incident
Panne – pană

Unterwegs
Haltestelle – staţie
Bus – autobus
Bahnhof – gara
Fahrkarte – bilet
Flughafen – aeroport
Ausfahrt – ieşire
Links / rechts – la stânga / la dreapta
Geradeaus – drept
Hier / dort – aici / acolo
Stadtplan – harta oraşului
Auskunft – informaţie
Vorsicht – atenţie
Bank – banca
Telefon – telefon
Telefonkarte – carte telefonică
Postamt – poşta
Briefmarken – timbre
Geöffnet – dechis
Geschlossen – închis

Einkaufen
Einkaufen – la cumpărături
Kaufen – a cumpăra
Geschäft – magazin
Markt – piaţa
Bar – bar
Geld – bani
Kreditkarte – carte de credit
Geldautomat – banco-automat
Teuer – scump
Billig – ieftin
Wieviel? – cât?

Im Hotel
Zimmer – camera
Einzelzimmer – camera de o persoană
(mit / ohne) Bad – (cu / fără) baie
Dusche – duş
Doppelzimmer – camera dublă
Schlüssel – cheie

Handtuch – prosop
Aufzug – lift / ascensor
Gepäck – bagajul
Pass – paşaport
Ausweis – buletin de identitate
Quittung – chitanţa
Empfang – recepţie
Wecken – a scula
Preis – preţ
Rechnung – contul
Name – nume
Vorname – prenume
Ankommen – a sosi
Abreisen – a pleca
Auto – maşina
Parkplatz – parcare
Zelt – cort
Wohnwagen – rulota

Im Restaurant

Frühstück – micul dejun
Mittagessen – prânzul
Abendessen – cina
Zwischenmahlzeit – gustări
Essen – a mânca
Trinken – a bea
Tisch – masa
Reservieren – a rezerva
Messer – cuţit
Gabel – furculiţa
Löffel – lingura
Teelöffel – linguriţa
Teller – farfurie
Flasche – sticla
Glas – pahar
Serviette – şervetel
Vorspeise – aperitivuri
Hauptgericht – meniul principal
Tagesgericht – meniul de zi
Nachspeise – desert
Rechnung – contul
Vegetarisch – vegetarian
Getränk – băutura
Halber Liter – jumătate litru
Wasser – apa
Mit Kohlensäure – gazoasă

1 – unu
2 – doi
3 – trei
4 – patru
5 – cinci
6 – şase
7 – şapte
8 – opt
9 – nouă
10 – zece
11 – unsprezece
12 – doisprezece
13 – treisprezece
14 – paisprezece
15 – cincisprezece
16 – şaisprezece
17 – saptesprezece
18 – optusprezece
19 – nouăsprezece
20 – douăzeci
30 – treizeci
40 – patruzeci
50 – cincizeci
60 – şaizeci
70 – şaptezeci
80 – optzeci
90 – nouăzeci
100 – o sută
200 – două sute
1000 – o mie

Wichtige Sätze

Wie komme ich nach ...? – Cum ajung la ...?
Wieviel kostet das? – Cât costă...?
Wo finde ich ...? – Unde găsesc...?
Ich möchte bitte ... – Aş dori...
Wann öffnet / schließt ...? – Când deschide / închide...?
Haben Sie ein freies Zimmer? – Aveţi o cameră liberă?
Sprechen Sie Deutsch / Englisch? – Vorbiţi Germana / Engleza?
Wo kann ich den Wagen parken? – Unde pot parca maşina?
Können Sie mir helfen? – Puteţi să mă ajutaţi?
Lassen Sie mich in Ruhe! – Lăsaţi-mă în pace!

Auskunft

Rumänische Fremdenverkehrsämter

... in Deutschland
Budapester Str. 20a,
10787 Berlin, Tel. 030/241 90 41,
Fax 030/24 72 50 20,
romaniatour@t-online.de

Dachauer Str. 32–34,
80335 München, Tel. 089/51 56 76 87/8, Fax 089/51 56 76 89,
ro-touramt@t-online.de

... in Österreich
Währingerstr. 6–8, 1090 Wien,
Tel. 01/3 17 31 57, Fax 01/31 73 15 74, rumaenien@aon.at

... in der Schweiz
Schweizergasse 10, 8001 Zürich,
Tel. 012 11 17 30, Fax 012 11 17 45,
romtourism@byberlink.ch

Einreise

Für die Einreise nach Rumänien benötigt man einen mindestens noch drei Monate gültigen Reisepass. Bürger der EU sind vom Visumszwang befreit.

Rumänien wendet die internationalen Vorschriften des Abkommens für Zollvergünstigungen im Touristenverkehr an. Sportler, etwa Taucher, Angler, Fahrradfahrer etc. können ihre eigene Sportausrüstung ohne Bedenken einführen. Haustiere wie Hunde und Katzen benötigen bei Grenzübertritt eine Bescheinigung über die Impfung gegen Tollwut. Es ist verboten, die rumänische Währung in großen Mengen, Betäubungsmittel, explosive oder pornographische Materialien ins Land zu bringen. Bei der Ausfuhr von Gegenständen von kulturellem, historischem oder künstlerischem Wert wie auch von Mineralien ist pro Person ein Limit gesetzt.

Als Autofahrer in Rumänien benötigt man Führerschein, Internationale Grüne Versicherungskarte und bei Einreise mit eigenem Wagen den Fahrzeugschein.

Anreise

Mit dem Flugzeug

Der Flughafen **Constanţa-Kogălniceanu** (Aeroportul M. Kogălniceanu, Tel. 0241/615276, www.aic.ro) wird nur im Charterverkehr Mai–Sept. angeflogen. Grundsätzlich warten hier die Vertreter der Pauschalveranstalter schon, um die Urlauber in Bussen zu ihren Ferienorten zu transportieren. Auch Taxis sind für die halbstündige Fahrt zur Küste zu mieten.

Ganzjährig kann man von den Flughäfen der Welt im Linienverkehr den Flughafen **Bukarest-Otopeni** (Aeroportul Bucureşti-Otopeni, Şos. Bucureşti –Ploieşti km 16,5, Tel. 021/212 01 22, www.otp-airport.de) anfliegen. Hier muss man sich dann vom Stadtrand Bukarests aus per halbstündiger Bus- oder Taxifahrt ins Zentrum der Hauptstadt bringen lassen. Vom Nordbahnhof (Gara de Nord) starten alle Züge weiter zur Schwarzmeerküste. Oder man mietet sich in Otopeni bei einem der internationalen Anbieter einen Leihwagen.

Mit der Bahn

Internationale Schnellzüge verkehren täglich zwischen den wichtigsten westeuropäischen Städten und Bukarest. Von da aus geht's weiter nach Constanţa mit Endstation Mangalia. Bedenken sollte man allerdings, dass die Fahrtzeit etwa von Frankfurt a. M. zur Küste um die 34 Std. beträgt.

Mit dem Bus
Deutsche Spezialveranstalter organisieren Busfahren über Siebenbürgen und Bukarest bis Constanţa. Man ist aber gewiss eineinhalb Tage unterwegs.

Mit dem Auto
Die lange Autofahrt bis zur Schwarzmeerküste führt, etwa auf den Europastraßen E75 und E60, über Österreich, Ungarn und schließlich über Bukarest durch ganz Rumänien. Man beachte, dass der Zustand der Straßen in Rumänien generell nicht mit dem in Westeuropa zu vergleichen ist und man sich auf ein geringes Fahrttempo einstellen muss.

Geld

Die rumänische Währungseinheit ist der Leu (Plural: Lei), unterteilt in 100 Bani (was auch generell Geld heißt). Im Zuge der enormen Inflation hat er so an Wert verloren, dass man nur noch in Tausender-, Zehntausender-, ja Hunderttausender-Lei-Scheinen bezahlt (1 € = ca. 36 000 Lei). In rumänischen Städten, in Urlaubsorten, an Flughäfen und Grenzstationen sowie in den meisten großen Hotels findet man offizielle Wechselstuben, wo gegen Vorlage des Passes Bargeld und Reiseschecks getauscht werden können. In großen Hotels, Restaurants und Geschäften wird auch der Euro als Währung akzeptiert.Geldwechsel auf dem Schwarzmarkt steht unter Strafe und lohnt schon lange nicht mehr.

Die international gängigen Kreditkarten werden immer häufiger akzeptiert: vor allem in den großen Hotels und Restaurants sowie bei den internationalen Autovermietern. Auch Bankautomaten sind in den Städten im Vormarsch.

Sicherheit

Wenn auch Rumäniens Ruf schlecht ist, kann sich der Urlauber hier ebenso sicher wie in den Nachbarländern fühlen. Das Berliner Auswärtige Amt warnt keineswegs vor Rumänien-Aufenthalten, sondern erinnert nur an die in allen Ländern üblichen Vorsichtsmaßnahmen. In Rumänien sind Polizei und private Sicherheitskräfte an allen Ferienorten sichtbar präsent. Man nehme sich auf Flughäfen, Bahnhöfen, in Großstädten und generell im Gedränge vor Taschendieben in Acht, führe möglichst wenig Bargeld mit sich. Auch von ›Bettlergruppen‹ lasse man sich nicht plötzlich einkreisen und meide nachts schlecht beleuchtete Vorstadtstraßen und Hafenviertel. Autos westlichen Fabrikats stelle man auf bewachten Parkplätzen ab und lasse keine Wertgegenstände im Pkw. Innerhalb der Hotels sind diese am besten in den Safes aufgehoben.

Notfall

Bei Notfällen immer die **Polizei** verständigen: **955.**
Feuerwehr: Tel. 981
Krankenwagen: Tel. 961
Notdienst für Schwangere und Mütter mit Kleinkindern: 969
Pannenhilfe: 12345.

Diplomatische Vertretungen

Deutsche Botschaft: Str. Cpt. Av. Gheorghe Demetriade 6–8, 011848 Bukarest, Tel. 021/202 98 30, Fax 021/230 58 46, **Notfall-Tel.** 07 22-38 63 60, bukarest.diplo.de, botschaft@deutschebotschaft-bukarest.ro

Österreichische Botschaft: Dumbrava Roşie 7, 70254 Bukarest, Tel. 021/210 09 39, Fax 021/210 08 85, bukarest-ob@bmaa.gv.at

Schweizer Botschaft: Str. Pitar Moş 12, 70152 Bukarest, Tel. 021/307 92 47, Fax 021/210 03 24, vertretung@buc.rep.admin.ch

Telefonieren

Wer aus dem Ausland nach Rumänien telefonieren möchte, wählt die Landesvorwahl 0040 und dann die Städtevorwahl ohne die 0 sowie die Teilnehmernummer. Von Rumänien nach Deutschland kommt man mit der Landesvorwahl 0049 plus Ortsvorwahl ohne 0 plus Anschlussnummer ans Ziel. Landesvorwahl Österreich: 00 43, Schweiz: 00 41.

Telefonieren kann man außerhalb der Hotels an den orangefarbenen Apparaten. Sie funktionieren mit Telefonkarten, die man in jeder Post, an jedem Postkartenstand oder an der Hotelrezeption kaufen kann. Natürlich verbindet auch jedes Hotel gegen Aufpreis mit der Heimat. Die Telefonpreise in Rumänien liegen fast auf westlichem Niveau.

Öffnungszeiten

In den **Büros** an der Schwarzmeerküste wird Mo–Fr zwischen 7 bzw. 8–15 und 16 Uhr gearbeitet, in **Postämtern** Mo–Fr 8–20 Uhr und Sa 9–12 Uhr. In den **Geschäften** kann man meist Mo–Sa 6–21 Uhr und So 6–12 Uhr einkaufen. **Banken** haben an der Küste Mo–Fr 9–12 und 13–15 Uhr geöffnet. **Museen** sind zum großen Teil Mo geschlossen und öffnen ihre Pforten ansonsten meist von 9 bis 16 Uhr. **Kirchen** stehen in der Regel tagsüber für Gläubige offen. Wo das nicht der Fall sein sollte, hilft oft eine freundliche Anfrage beim Küster oder Pfarrer in der Nachbarschaft. Liegt eine **Sehenswürdigkeit** außerhalb und will man sie individuell ansteuern, vergewissere man sich vorher per Anruf noch einmal über die Öffnungszeit.

Gesundheit

In die Reiseapotheke gehören Medikamente gegen Sonnenbrand, Insektenstiche, Durchfall, Magenbeschwerden, Fieber und allgemeine Schmerzen. Ursachen für kurzzeitige Darmerkrankungen sind vor allem der Genuss unverpackten Wassereises und ebensolcher Limonaden- oder Saftprodukte sowie nicht abgekochten Leitungswassers. Vor ungeschütztem Sonnenbaden ist wie überall auf der Welt zu warnen. Zusätzliche Schutzimpfungen sind nicht erforderlich. Aber eine private Krankenversicherung für den Urlaub schließe jeder vor dem Aufenthalt ab, da Rumänien die üblichen Vereinbarungen mit anderen Staaten noch nicht getroffen hat. Für den Notfall gibt es in den Urlaubsorten Apotheken mit langen Öffnungszeiten. Non-stop arbeitet z. B. in Constanţa:

Farmacie Marina Santis, Str. A. Lapuşneanu 107, Tel. 02 41/63 86 82.

Behinderte

In einem armen Land wie Rumänien wird erst seit ein paar Jahren über die behindertengerechte Ausstattung öffentlicher Einrichtungen nachgedacht. Von Extra-Rampen für Rollstuhlfahrer kann man aber inzwischen in allen besseren Hotels und Restaurants in Städten und Urlaubsorten ausgehen. Behindertengerechte Toiletten, Telefone etc. sind dagegen noch rar. Man achte bei der Wahl seines Hotels auf jeden Fall darauf, dass es einen Lift besitzt.

Unterwegs in Rumänien

Mit dem Flugzeug

Die Sehenswürdigkeiten an der Schwarzmeerküste erreicht man von Constanţa am besten mit Zug, Bus oder Auto. Weiter ins Land kommt man von den Bukarester Flughäfen Otopeni (s.o.) oder Baneasa aus (Aeroportul Baneasa, Şos. Bucureşti-Ploieşti 40, Tel. 021/633 00 30).

Mit der Bahn

Von Constanţa erreicht man alle Badeorte bis Mangalia direkt per Schnellzug. Die Fahrt in den Norden der Dobrudscha Richtung Tulcea gestaltet sich komplizierter. Wer weiter ins Land möchte, steuere zuerst das Verkehrsdrehkreuz Bukarest an. Erste-Klasse-Reservierungen sind unbedingt zu empfehlen. Fahrtgeschwindigkeit: durchschnittlich 100 km/h. Die Fahrpreise liegen deutlich unter westeuropäischem Niveau.

Mit dem Bus

In den Städten sind Busse als Verkehrsmittel zu empfehlen. Die Überlandbusse versprechen dagegen eher umständliche Verbindungen.

Mit dem Taxi oder Maxi-Taxi

Die Fahrt mit dem ortskundigen **Taxi**chauffeur ist generell zeitsparend und im Vergleich zur Heimat auch sehr preisgünstig. An den Urlaubsorten und in den Städten beachte man den Taxameter. Bei längeren Touren vereinbare man im Voraus einen Pauschalpreis. **Maxi-Taxis** sind Kleinbusse, ziemlich eng, aber für Einzelreisende eine preiswerte Alternative (etwa ein Drittel teurer als ein normales Busticket). Beim Einsteigen meldet man das Ziel an und schaut, ob es auf der ungefähren Route liegt; das Endziel steht vorn am Fenster.

Mit dem Auto

In jedem Urlaubsort sind Leihwagen internationaler Anbieter zu mieten. Verkehrsregeln: Das Geschwindigkeitslimit außerhalb von Ortschaften ist Tempo 90, innerhalb Tempo 60. Praktisch gesehen wird man, außer auf den wenigen Autobahnen, schon der Straßenverhältnisse wegen im Land auch kaum schneller vorankommen. Dazu herrscht das 0-Promille-Gebot: also kein Alkohol am Steuer.

Organisierte Touren & Führungen

In den Hotels der Badeorte kann man organisierte Fahrten und Führungen fürs ganze Land buchen. Besonders beliebt sind Bus- und Schiffstouren ins Donaudelta, Busfahrten zum Andreaskloster, nach Adamclisi, Histria und entlang der Küste. Gerne bricht man auch per Bus nach Bukarest, zu einer Siebenbürgen- oder einer großen Landesfahrt auf. Vermittlung durch die Reiseleitung im Hotel oder die Touristen-Auskunft vor Ort

Orte vo

Pulsierende Hafenstädte wie Constanţa oder Mangalia, in der Antike von griechischen Seefahrern am Schwarzmeerstrand gegründet, ziehen bis heute Besucher in ihren Bann, während die Kette der benachbarten Badeorte, von Mamaia über Cap Aurora und Olimp bis zu Jupiter und Venus mit Sonne, Sand und Meer punkten – und das immer öfter mit dem entsprechenden Serviceangebot

n A bis Z

von Spiel und Spaß. Dieser Führer gibt Ihnen nützliche Tipps und ausgesuchte Adressen an die Hand, damit Ihr Urlaub an der rumänischen Schwarzmeerküste zum Erlebnis wird! Und wer Besonderes erleben will, dem seien die fünf Touren empfohlen. Die rumänische Küste in kompakter Form für den, der viel sehen und nichts verpassen möchte.

Highlight 1

Adamclisi (D 7)

Der kleine verschlafene Ort etwa 50 km südwestlich von Constanţa in der Nähe der bulgarischen Grenze verdankt seinen türkischen Namen der zeitweise muslimischen Bevölkerung. Er besitzt einige kulturgeschichtliche Attraktionen, die sich weltweit sehen lassen können (s. a. Tour 4, S. 114).

Sehenswert

An der Einfahrt zur Ortschaft steht die originalgetreue Nachbildung des **Tropaeum Traiani,** also des Siegesmals des Römerkaisers Trajan, das den entscheidenden Kampf gegen die einheimischen Daker im Jahr 102 n. Chr. markierte. Das antike Monument mit einem Durchmesser von 30 m war keineswegs ›Adamkilisse‹, also ›Adams christliche Kirche‹, da irrten die früheren Bewohner des Ortes. Unweit des Monuments sind inmitten wogender Getreidefelder Reste der gleichnamigen und bis zum 7. Jh. n. Chr. bewohnten **Burganlage** zu finden.

Anlage und Museum:
im Sommer Mi–So 8–20,
ansonsten Mi–So 9–17 Uhr.
Touristenführung: Tel. 02 41/61 87 63.
Das lichte moderne Museum zeigt die Originalreliefs und -skulpturen des Siegesmals aus dem 2. Jh.

Info Litoral Touristeninformationszentrum:
Str. Traian 36, 8700 Constanţa,
Tel. 02 41/55 50 00, Fax 55 51 11,
info@infolitoral.ro,
www.infolitoral.ro
Dieses Reisebüro in Constanţa ist auch spezialisiert auf Adamclisi.

Geringen Ansprüchen genügt die kleine und günstige Essensmöglichkeit nahe des Siegesmals.

Adamclisi ist von den Badeorten und Constanţa aus am besten mit dem organisierten **Reisebus** oder per **Mietwagen** zu erreichen. Man wähle von Constanţa aus die Nationalstraße 3 Richtung Westen über Basarabi, Ciocârlia und Pietreni.

Agigea (F 7)

Da, wo ca. 8 km südlich von Constanţa ein Arm des wie mit dem Lineal in die Landschaft gezogenen Donau-Schwarzmeer-Kanals von Cernavoda aus in die See mündet, liegt der Ort Agigea. Lange ein eher verträumter Flecken inmitten all der modernen Badeorte, mauserte sich der Mündungsort Agigea plötzlich zum Industriestandort und letztlich zu einer Verlängerung des ständig nach Süden hin expandierenden Hafens von Constanţa. Wobei man hier natürlich, vom Wirtschaftlichen her gesehen, große Hoffnungen darauf setzt, dass der Kanal auch international eifrig genutzt wird. Das alte, gewachsene Agigea selbst, wo heute auch westeuropäische Studiengruppen Sommerwochen verbringen, hat dann als Seebad wohl ganz ausgedient.

Hotel Eurotel: Tel. 02 41/74 15 33, DZ/Person und Woche ab 80 €.
Das Drei-Sterne-Hotel hat ein recht ansprechendes Niveau zu bieten.

Erinnerung an die Macht der Römer: das Siegesmal Tropaeum Traiani in Adamclisi

Agigea

Bahn: Der Ort liegt an der Schnellzugstrecke Bukarest–Constanţa–Mangalia.
Bus: Die Linienbusse von Constanţa nach Mangalia bedienen auch Agigea.

Babadag (F 3)

Etwa 80 km nördlich von Constanţa auf der Küstenstrecke Richtung Tulcea findet man in einem Tal innerhalb eines dichten Laub- und Nadelwaldes die 11 000-Einwohner-Stadt Babadag. Ihren Namen verdankt sie den Osmanen, die seit dem 14. Jh. in die Dobrudscha geströmt waren: Babadag heißt, aus dem Türkischen übersetzt, ›Vater Berg‹. Und auch heute noch sind gerade in diesem Städtchen viele Türkischstämmige zu Hause. Schon von weitem grüßt den Besucher das hohe Minarett der Moschee Gazi Ali Pascha. Am nahen Babadag-See sorgt eine Fisch-, Muschel- und Bienenzuchtanlage für wirtschaftlichen Aufschwung. Einen längeren Stopp braucht man auf dem Weg ins Donaudelta hier aber trotzdem nicht einzulegen. Babadags touristische Infrastruktur befindet sich noch in der Eiszeit, so dass auch die Ausflugsbusse ihre Pausen in einem nahen Wäldchen einlegen müssen.

Sehenswert

Moschee Gazi Ali Pascha und Museum: Di–So 9–15 Uhr.
Dieses Gotteshaus Allahs direkt im Zentrum von Babadag stammt aus dem 17. Jh. und bietet heute den Muslimen der gesamten Umgebung eine geistliche Heimat. Das angeschlossene Museum konzentriert sich denn auch auf die Kultur dieser Volksgruppe. Exponate sind traditionelle Gebetsteppiche, Vasen und Möbelstücke aus mehreren Jahrhunderten.

Bahn: Mit dem Zug gelangt man auf der Strecke Constanţa–Tulcea über den Bahnhof Babadag.
Pkw oder Linienbus: Babadag liegt an der E87, auf direkter Strecke von Constanţa nach Tulcea, der Pforte zum Donaudelta. Es ist also leichtauf der Straße zu erreichen. Jede Ausflugsfahrt von den Badeorten aus ins Delta führt durch das Städtchen.

Basarabi (E 6)

Das 11 000-Einwohner-Städtchen am Verkehrsknotenpunkt der Nationalstraße 3 westlich von Constanţa ist heute weniger wegen seines Hafens am Arm des Donau-Schwarzmeer-Kanals bekannt. Zu selten wird auch noch Anfang des 21. Jh. die Wasserstraße zwischen dem Donauhafen Cernavoda und Agigea am Meer genutzt. Ein wenig außerhalb des Agroindustriestädtchens mit seinen monotonen Häuserblocks befinden sich dagegen zwei Attraktionen: eine klösterliche Höhlensiedlung aus dem 9. bis 11. Jh. und das auch international geschätzte große Weingut Murfatlar.

Das 1957 in Kreidefelsen entdeckte Höhlen-Ensemble von Basarabi ist eine für Rumänien wichtige archäologische Stätte. Reste von Kirchen und Gräbern aus dem 9. bis 11. Jh. beweisen eine frühe christliche Besiedlung hier in der Dobrudscha. Schriftzeichen in verschiedenen Sprachen verraten zudem einen engen kulturellen Austausch zwischen den Völkern des Mittelalters. Leider ist jedoch das Fels- und Höhlenensemble bis heute nicht öffentlich zur Besichtigung freigegeben.

Highlight 2

Weingut Murfatlar: Wo sich an den Hängen Basarabis endlose Weinrebenfelder aneinander reihen, werden auf diesem bei weitem größten Weingut der Region heutzutage pro Jahr 120 000 hl Wein gekeltert und ständig rund 250 000 hl Rebensaft gelagert. Das Gutsmuseum und die Produktionshallen sind auf jeden Fall einen Besuch wert. Organisierte Murfatlar-Busfahrten werden in jedem Schwarzmeer-Badeort angeboten. Der Vorteil: die Führung in der Kelterei und das Essen im Restaurant sind vorab arrangiert. (s. Tour 5, S. 116). Individuellen Murfatlar-Fahrten mit einem Mietauto oder -taxi sollte eine telefonische Anmeldung vorausgehen (Tel. 02 41/23 43 33).

Weingut Murfatlar: Reservierungstel. 02 41/23 43 33. Eine ausführliche Weinverkostung und viele rumänische Speisen (ab 20 € pro Menü incl. Getränk) warten auf den Gast. Die hauseigene Roma-Band spielt mit Folkloremusik auf.

Bahn: Der Zug auf der Strecke Bukarest–Constanţa hält in Basarabi.
Das Städtchen ist mit dem **Pkw und Linienbus** auf der Nationalstraße 3 Richtung Westen leicht von Constanţa aus zu erreichen.

Cap Aurora (F 8)

Cap Aurora nördlich von Mangalia, Saturn und Venus sowie südlich von Jupiter gehört administrativ zur Stadt Mangalia und ist mit nur 1 km Länge und einer Beherbergungskapazität von 2500 Betten der kleinste rumänische Badeort am Schwarzen Meer. Gleichzeitig ist er, erst 1973 angelegt, der jüngste. Was heißt, dass hier natürlich nicht die Atmosphäre eines gewachsenen Ortes herrschen kann. Die um zwei kleine Badebuchten verteilten hohen Hotels mit den Edelsteinnamen zeichnet allerdings eine schöne Lage auf meernahen Felsen aus. Sie sind jedoch vom touristischen Standard her bislang noch nicht auf dem Niveau, dass westliche Veranstalter hier ihre Touristen hinschicken.

Sport & Strände

Sonnen, Baden und **Wassersport** sind ›in‹. Man schaue sich am Strand nach den Angeboten um oder frage im Hotel nach.
Minigolf: Eine Golfanlage liegt an der Zufahrtsstraße Richtung Restaurant Cătunul.

Ausgehen

Restaurant und Diskothek Cătunul: die einzige Ausgehadresse in Cap Aurora (s. a. Restaurants).

Hotel Onix: Tel. 02 41/73 13 58, Fax 73 17 62, DZ/Person und Woche ab 69 €.
Das Zwei-Sterne-Hotel im Süden des Badeorts mit Restaurant und Bar liegt nur 100 m vom Sandstrand entfernt. Innerhalb eines Komplexes ist es verbunden mit dem Safir und dem Diamant. Die meisten Zimmer haben Meerblick, Kabel-TV, Zimmerservice. Das Onix ist auch mit Vollpension zu buchen und bietet Tennis an.
Hotel California: Tel. 02 41/73 12 93, DZ/Person und Woche ab 99 €.
Von diesem Drei-Sterne-Hotel im Norden Cap Auroras mit Bar blickt man ebenfalls direkt auf die Schwarzmeerwellen hinunter. Es bildet mit dem Topaz und dem Cristal einen Komplex.

Restaurant und Diskothek Cătunul: Außer den Hotels ist das preislich moderate Cătunul jenseits der Zufahrtstraße die einzige Ausgehadresse dieses Retortenbadeorts. Es bietet internationale und Dobrudscha-typische Küche (ca. 10 €/Person für Menü incl. Getränk).

Hotel California: Das Hotelrestaurant führt rumänische und internationale Spezialitäten (ca. 15 €/Person für Menü incl. Getränk).

Bahn: Über die Bahnstation Mangalia (10 km) ist Cap Aurora auch für den Schnellzugfahrer zu erreichen.

Ziele in der Umgebung

Von allen Badeorten werden Busausflüge angeboten. Ausflugsziele s. Eforie Nord (S. 62)

Mangalia (F 8): Ins antike Callatis sind es knapp 10 km auf der E87 (s. S. 76).

Highlight 3

Cernavoda (D 6)

Die 62 km westlich von Constanţa gelegene Donau-Hafenstadt Cernavoda wurde einst von den Dakern gegründet und in der Antike vom Geographen Ptolemeus als Axiopolis positiv erwähnt. Die Bewohner der Gegend müssen schon in der Steinzeit ca. 4000 bis 3200 Jahre v. Chr. einer Hochkultur angehört haben, was die hier gefundenen berühmten Tonstatuetten ›Der Denker und seine Frau‹ aus der so genannten Hamangia-Kultur widerspiegeln. Das ist ein in seiner Ausdruckskraft fast modern zu bezeichnendes plastisches Paar à la Henry Moore, das heute im Archäologischen Museum von Constanţa ausgestellt wird (s. S. 46). Im tristen Industriestandort Cernavoda (21 000 Einwohner) mit seinem Atomkraftwerk – übrigens das einzige Rumäniens –, das in kanadischer Lizenz gebaut wurde, ist von kultureller Blüte heute leider fast nichts mehr zu entdecken. Wenn es da nicht die schöne alte Eisenbahnbrücke gäbe, über die immer noch mancher Zug Richtung Bukarest rattert.

Sehenswert

Saligny-Brücke: 1890–1895 entstand dieses Meisterwerk des rumänischen Ingenieurs Anghel Saligny als Donauübertritt von Cernavoda in der Dobrudscha in die schon walachische Stadt Feteşti. Zwischen zwei Donauarmen spannt sich die Hauptbrücke mit ihrer schwungvollen Stahlkonstruktion in auch heute beeindruckender Länge von 1663 m über dem Balta Ialomiţei genannten Sumpfgebiet. Noch mancher Zug zwischen Bukarest und Constanţa passiert diese Brücke, während das Gros der Eisenbahnpassagiere und die Autofahrer mit der 1987 eröffneten, 1600 m langen Parallelbrücke vorlieb nehmen müssen, aber natürlich auf das Saligny-Werk wiederum den besseren Blick haben. Ebenso ist das Naturschauspiel beeindruckend: Hier bildet die Untere Donau einen breiten, mit vielen kleinen Schleifen mäandernden Flusslauf wie aus dem Bilderbuch.

Auf der Route Constanţa–Bukarest kommt jeder, auf Schiene oder Straße, durch Cernavoda.

Bahn: Die meisten Züge auf der Strecke Constanţa–Bukarest halten in Cernavoda.

Pkw: Cernavoda erreicht man auf der neuen Autobahnstrecke und auf der alten Nationalstraße über Medgidia und Feteşti.

Chilia Veche (G 1)

Der verträumte Deltaort, dessen hoher Kirchturm den Schiffer schon von weitem grüßt, liegt am nördlichen Donauarm Chilia, der auf seinen 104 km über weite Strecken die Grenze zur Ukraine bildet. Chilia Veche, also das ›Alte(Ac-) Chilia‹, entspricht der antiken Siedlung Achileea, wo sich im Laufe der Jahrhunderte die Griechen, Genueser und Osmanen schon ein Stelldichein gaben und die im 15. Jh. sogar einmal zum wichtigen Stützpunkt des damaligen Fürstentums Moldau wurde. Damals konnte der Ort mit 5 km Distanz zur See meernah genannt werden – was man nach immensen geographischen Veränderungen im Delta bei heute 40 km Entfernung nicht mehr behaupten kann. Auf der anderen Grenzseite sind zwar jetzt die Blocks des ukrainischen Kiliia zu erspähen. Im kleinen rumänischen Chilia Veche mit seinen weiß blitzenden Fischerhäuschen scheint die Zeit jedoch stehen geblieben zu sein. Erwarte also niemand touristische Infrastruktur.

Ziele in der Umgebung

Reservat Roşca: Wer mindestens einen Tag Zeit hat, sollte sich von Chilia Veche aus von einem einheimischen Führer zum fauna- und florareichen Roşca-Reservat im Südosten leiten lassen. Mit ein bisschen Glück bekommt man hier Wölfe und Wildkatzen, aber auch Pelikane vor die Linse.

Schiff: Chilia Veche ist nur auf dem Wasserweg, dem Donauarm Chilia, per Schiff von Tulcea aus zu erreichen. Es liegt gut 80 km Richtung Nordosten.

Highlight 4

Constanţa (F 6)

Von der pittoresken Zufahrtsstraße Bulevardul Marinarilor, also ›Boulevard der Matrosen‹, aus sind die mächtigen Verladekräne dieses größten Schwarzmeerhafens Rumäniens schon von weitem zu sehen. Riesige Tanker sieht man liegen, Kräne arbeiten und Lastwagen ständig Fracht hin und her transportieren. Diese ›Hafenstadt in der Stadt‹ mit ihren gut 200 Hektar Fläche ist letztlich auch der Grund dafür, dass sich Constanţa im letzten Jahrzehnt in Windeseile zur mit 360 000 Einwohnern zweitgrößten Metropole des Landes entwickelt hat. Längst ist das alte Tomis griechischer Seefahrer und römischer Eroberer hier im Zentrum der Dobrudscha aus allen Nähten geplatzt, d. h. es wird ständig neu gebaut und die Stadt breitet sich im Umfeld weiter aus. Leider ist vom ganz alten Zentrum nur noch die ›Insel‹ rund den Ovidplatz übrig geblieben, von wo aus man unbedingt zu Hafen, Casino und Touristenhafen bummeln sollte. Auch der sich daran anschließende Stadtkern ist in seiner Geschäftigkeit attraktiv. Viele Fachgeschäfte, Märkte, Museen und Kultureinrichtungen locken. In die weiteren Stadtbezirke muss man sich als Tourist aber dann wirklich nicht mehr aufmachen: Hier herrscht seit kommunistischen Zeiten die Monotonie der Plattenbauten, die alles wegradiert hat, was vorher an idyllischen Sträßchen Constanţas Charme ausmachte.

Sehenswert

Constanţas Seehafen:
www.portofconstantza.com. Man erkundige sich am Hafeneingang nach aktuellen Besichtigungsmöglichkeiten.

Den Sporthafen gut im Blick: Terrassencafé in Constanţa

Constanţas Touristenhafen: Das in den frühen 1960er Jahren angelegte Areal unterhalb der Strada Remus etwa 1000 m nördlich des Seehafens umfasst rund 200 000 m² Auslauf- und Anlegefläche für vielerlei Touristik- und Sportschiffe. Auf der Route Istanbul –Varna–Constanţa–Odessa–Yalta verkehren die modernen internationalen ›Kreuzfahrer‹. Und zwischen den Badeorten Eforie, Neptun, Costineşti, Mangalia und Mamaia sowie Constanţa schippern die Tagesausflügler an Rumäniens Küste hin und her. Der baldige Ausbau des Touristenhafens ist beschlossene Sache.

Nationales Museum für Geschichte und Archäologie: Piaţa Ovidiu 12, Mi–So in der Saison 9–20, ansonsten Mi–So 9–17 Uhr.

Die Präsentation der Exponate mit unzureichender Beschriftung und schlechter Beleuchtung lässt zwar noch zu wünschen übrig. Aber der Besuch dieses Museums ist trotzdem unbedingt zu empfehlen, bergen doch gerade die unteren Etagen antike Kunstschätze von Weltrang: etwa die berühmten Tonstatuetten von Cernavoda, ›Der Denker und seine Frau‹ aus dem vierten Jahrtausend v. Chr., die römische Büste einer nachdenklichen Isis aus dem 1. Jh. n. Chr. oder die seltsame, ebenfalls römische Glykon-Schlange mit der Antilopenschnauze, dem Löwenschwanz und dem Menschenhaar (2. Jh. n. Chr.).

Mosaik-Museum und antikes Warenlager: Piaţa Ovidiu 12, tgl. 10–18 Uhr.

In dem gläsernen Bau in Sichtweite der Ovid-Statue ist eines der größten erhaltenen römischen Mosaiken der Welt zu bestaunen. Kräftig leuchten nach fast zwei Jahrtausenden noch die bunten Steinchen, die zu geometrischen und vegetabilen Ornamenten zusammengesetzt wurden. Einen Superblick auf den Frachthafen gibt es gratis dazu. Richtung Hafen am Hang kann man sich auch die Ruinen von gut einem Dutzend großzügiger Gewölbe eines antiken Warenlagers anschauen, die unterhalb der damals wohl 100 x 20 m großen Mosaikterrasse lagen.

Genueser Leuchtturm: Bulevardul Carpaţii. Der schöne schlanke Turm stammt aus dem 13. Jh., als Genueser Händler im damals byzantinischen Tomis einen Landungsplatz ausbauten.

Volkskunstmuseum: Blvd. Tomis 32, in der Saison Mi–So 9–19, ansonsten Mi–So 9–17 Uhr.
Schon das Gebäude im schönsten rumänischen Brâncoveanu-Stil (benannt nach dem walachischen Kunstförderer und Fürsten Constantin Brâncoveanu, 17. Jh.) fällt ins Auge. Innen zeigt eine zwar nicht gerade glücklich beleuchtete, aber doch reiche Sammlung alte Volkstrachten, wertvolle Hinterglasikonen, typische Werkzeuge und Möbelstücke, Handarbeiten, Holzschnitzkunst sowie religiöse und rituelle Gegenstände aus der Vergangenheit.

Planetarium: Blvd. Mamaia 255 (neben dem Delphinarium), in der Saison tgl. 9.45–19.45, ansonsten 9.45–15.45 Uhr.
Es wartet hier ein astronomisches Observatorium mit Teleskop auf kleine und große Nutzer.

Weltozean-Ausstellung: Blvd. Mamaia 255, in der Saison tgl. 9–20, ansonsten tgl. 9–16 Uhr.
Die Ausstellung beherbergt eine attraktive Sammlung wirbelloser Meerestiere aus dem Schwarzen, aber auch aus dem Mittelmeer und anderen Ozeanen. Hier kann die zwei Meter lange und 250 Kilo schwere größte Muschelart der Welt bewundert werden, deren Perlen so groß wie Tennisbälle sind. Auch der Schädel eines großen Wals ist zu sehen.

Mikro-Reservat: Blvd. Mamaia 255, in der Saison tgl. 9–20, ansonsten tgl. 9–16 Uhr.
Es beinhaltet eine Ausstellung mit exotischen und Ziervögeln wie Papageien oder Stieglitzen. Im Mikro-Reservat auf einer Fläche von vier Hektar findet man einheimische Pelikane, Schwäne, Kormorane, Wildenten und Fischreiher.

Kunstmuseum (Muzeul de Artă Constanţa): Blvd. Tomis 82, in der Saison Mi–So 9–20, sonst Mi–So 9–17 Uhr.
Das Museum ist für den interessant, der einmal dem Einfluss des Dobrudscha-Lichts auf die Malerei nachspüren will. Auch einige Meisterwerke der über Rumänien hinaus bekannten Impressionisten Nicolae Grigorescu und Ştefan Luchian hängen hier.

Marinemuseum: Str. Traian 53, in der Saison tgl. 10–18, ansonsten tgl. 9–17 Uhr.
Vieles, was Seefahrt-Interessierte sehen möchten, wird hier anhand einer historischen Ausstellung gezeigt: Münzen, mit denen schon die Segler der Antike zahlten, Modelle und Grafiken von vielen Schiffstypen, die die Schwarzmeerfluten befuhren und noch befahren, sowie Uniformen all derer, die unter der rumänischen Flagge in See stachen.

Museum des Bildhauers Ion Jalea: Str. Arhiepiscopiei 26, in der Saison Mi–So 10–18, ansonsten Mi–So 9–17 Uhr.
Diese Sammlung umfasst 108 Werke des aus der Dobrudscha stammenden

Prunkbau der Jahrhundertwende: das Casino in Constanţa

zeitgenössischen Bildhauers Ion Jalea, dessen Arbeiten an antike Vorbilder, aber auch durchaus an Auguste Rodin erinnern. Allein schon das Arkaden-geschmückte altehrwürdige Haus ist einen Besuch wert.

Sport & Strände

Constanţas **Stadtstrand** im Norden des Touristenhafens besitzt wie die Ferienorte feinen goldgelben Sand. Er wird vor allem von Städtern besucht, die in der Mittagspause Erholung vom Büro suchen und ein erfrischendes Bad nehmen.

Ausgehen

Oper: Str. Mircea cel Batrân 97, Tel. 02 41/61 52 68.
Das in Rumänien angesehene Haus ist auf ein eher traditionelles Musikprogramm abonniert.

Klassisches Ballett ›Oleg Danovski‹: Str. Răscoalei 5, Tel. 02 41/51 90 45, ballet@cta.ro.
Hohe russische Ballettkunst kann man bei dieser auch international auftretenden Truppe erwarten.

Kino Republica: Blvd. Ferdinand 58, Tel. 02 41/61 62 87.
Wie alle Kinos im Land zeigt das Republica die internationalen Filmhits in Originalversion mit rumänischen Untertiteln.

Casino: Blvd. Elisabeta 2, geöffnet 11–1 Uhr.
Das Casino bietet Glücksspiel, ein gutes Restaurant und Nachtprogramm direkt an Meer und Hafen im malerischen Jugendstil-Gebäude.

Disco Max: Blvd. Lăpuşneanu 1, Öffnungszeit: Ende offen.
Das Max ist eine Trend-Diskothek für Junge und Junggebliebene.

Terasa Colonadelor: Str. Traian 57, geöffnet 22–4 Uhr.
Dieser Nachtklub zeigt ein Erotik-Showprogramm.

Einkaufen

Kunstgalerien »Galeriile de Artă«: Str. Ştefan cel Mare 115.
Hier erwartet den Kunden eine Auswahl zeitgenössischer Kunstwerke von Rang.

Verkaufsraum im Volkskunstmuseum: Blvd. Tomis 32, in der Saison Mi–So 9–19, ansonsten Mi–So 9–17 Uhr.
Von zeitgenössischen Künstlern gefertigte Holz- und Hinterglasikonen, Holzschnitzarbeiten, Instrumente, bemalte

Keramik, Teppiche und bestickte Blusen können hier erworben werden. Zertifikate sichern über den Wert der Gegenstände ab.

Antiquitäten und Volkskunst: Artizanat-Antichităţi, Blvd. Mamaia 71. Man nehme sich Zeit zum Stöbern.

Porzellan und Kristall: Sicomar, Blvd. Tomis 90. Das Sicomar offeriert handgefertigte Produkte.

Obst- und Gemüsemarkt Piaţa Griviţa: Hier gibt's täglich frische Früchte, Blumen, Eier, Fleisch, Milchprodukte, Honig und vieles mehr, das bunte Verkaufsgeschehen inklusive. Die Stände sind z. T. überdacht.

Feste & Unterhaltung

Internationales Opernfestival: Von **Mai bis Juni** treten auch internationale Orchester und Interpreten zum alljährlichen Opernfestival der Stadt Constanţa an, 2004 zum 30. Mal. Treffpunkt ist das Operngebäude am Bulevard Tomis.

›Tag der Marine‹: Am **15. Aug.,** zu Mariä Himmelfahrt, wird zu Ehren der Beschützerin der Seefahrt in Constanţas Hafen der ›Ziua Marinei‹, der ›Tag der Marine‹, gefeiert. Die Show am Hafen ist sehenswert, und rund 800 Zuschauer finden Platz. Verschiedene Schiffstypen präsentieren sich. Taucher und Fallschirmspringer zeigen ihr Können.

Aquarium

Die großen Scheiben vor den Becken des Aquariums sind ob der vielen Besucher zwar schon reichlich zerkratzt und die Lichtverhältnisse in den Ausstellungsräumen nicht gerade optimal. Aber die wahren Brocken von Stören, spitzzahnigen Hechten, Barschen, Karpfen und Rochen, die sich da hinter Glas tummeln, sollte man keineswegs verpassen. Donau- und Schwarzmeerfische sind zum Greifen nah, so dass nicht nur Kinderaugen glänzen. Aquarium ›Professor Borcea‹, Blvd. Elisabeta 1, vis-à-vis des Casinos, in der Saison tgl. 9–20, ansonsten tgl. 9–16 Uhr.

Schwarzmeer-Liebesfilm-Festival: Jedes Jahr **im Sommer** (2004 im Aug.) werden in Constanţas Kinos internationale aktuelle Kurzfilm-Produktionen gezeigt, die in den Kategorien fiktionaler, experimenteller und Zeichentrickfilm um die Preise konkurrieren. Das alle vereinende Thema ist die Liebe.

›Meerestage‹: Am **letzten Aug.-Wochenende** feiert man die ›Sărbătorile Mării‹, also die ›Feiertage des Meeres‹. Ein bunter Umzug führt durch die Stadt. Im Kostüm tanzt man in den Straßen mit, bis spätabends von den angedockten Schiffsriesen im Hafen ein rhythmisches Gehupe hinüberdringt (s. a. S. 19).

Sportveranstaltungen in Constanţa: s. S. 20

Kinder

Aquarium: s. Tipp-Kasten

Delphinarium: Blvd. Mamaia 255, in der Saison tgl. Vorstellungen im Saal 10, 12 14, 16 und 18 Uhr, im Freien 9, 11, 15, 17 und 19 Uhr, ansonsten im Saal 10, 12 und 14 Uhr.

Das Delphinarium lockt als die auf den ersten Blick attraktivste Abteilung des Naturwissenschaftlichen Museumskomplexes Constanţa seit Jahren die meisten kleinen Gäste an. Hier wurden zum ersten Mal auf Weltebene alle drei im Schwarzen Meer lebenden Delfinarten mit Erfolg dressiert. Ganzjährig präsentieren sich in zwei Meerwasser-Innenbecken und zwei Freiluftanlagen heimische Delfine und Seelöwen aus Südamerika.

Puppentheater ›Elpis‹: Str. Aristide Karatzali 16, jeden Sa Kinderprogramm, Tel. 02 41/61 89 92.

Das Elpis mit seinen Märchenaufführungen ist ein Tipp für die ganze Familie.

Info Litoral Touristeninformationszentrum:

Str. Traian 36, 8700 Constanţa, Tel. 02 41/55 50 00, Fax 55 51 11, info@infolitoral.ro, www.infolitoral.ro.

Das Zentrum klärt anfallende Touristenfragen

Constanta Tourist Information Center: Blvd. Tomis 221, Bloc TS 11B, 8700 Constanţa, Tel. 02 41/70 86 00, Fax 02 41/70 86 01, turism_cjc@email.ro, www.geocities.com/constanta_cit.

Die Agentur berät in allem, was die Stadt Constanţa betrifft.

Danubius Travel Agency: Blvd. Ferdinand 36, 8700 Constanţa, Tel. 02 41/61 58 36, Fax 61 80 10, ofice@danubius@ro, www.danubius.ro.

Das Büro vermittelt Unterkünfte in Constanţa und den Badeorten und ist spezialisiert auf Küstenrundfahrten, Donaudelta-Angebote sowie Fahrten ins ganze Land.

Latina Touristeninformation: Blvd. Ferdinand 79, 8700 Constanţa,

Tel. 02 41/63 97 13, Fax 02 41/63 91 07, latina@latina.ro.
Latina erledigt Reservierungen von Hotels in Constanţa und im ganzen Land, organisiert Rumänien-Rundfahrten, Bukarest-Wochenenden und Reisen, zu Themen wie z. B. Archäologie und Wein, oder Pilgerreisen im Land.
Ovidius Travel Agency: Blvd. Ferdinand 32A, 8700 Constanţa, Tel./Fax 02 41/61 33 63, ovidius@gmb.ro, www.ovidiustravel.ro.
Das Büro vermittelt Rumänien-Angebote in Constanţa, am Schwarzen Meer, im Donaudelta, in den Karpaten und den Kurorten sowie in Dörfern.
Simpa Turism: Str. Răscoalei 9, 8700 Constanţa, Tel. 02 41/66 04 68, Fax 02 41/66 44 03, simpaturism@rdsct.ro, www.simpaturism.ro
Simpa offeriert eine breite Angebotspalette für Constanţa und ganz Rumänien: z. B. Karpaten, Städte, Kurorte und die Meeresküste.

Hotel Sport: Str. Cuza Vodă 2, Tel. 02 41/61 75 58, Fax 61 10 09, DZ/Person ab 25 €.
Das kleine Zwei-Sterne-Hotel oberhalb des Touristenhafens ist eine Adresse für Anspruchslose. Es verfügt über ein Restaurant und Kabel-TV.
Hotel Tineretului: Blvd. Tomis 2026, Tel. 02 41/61 35 90, Fax 61 12 90, DZ/Person ab 25 €.
Das Zwei-Sterne-Hotel im Altstadt-Be-

reich hat nur Durchschnittsqualität. Der Vorteil: Man ist direkt an der Einkaufsmeile und in Hafennähe.

Hotel Capri: Str. Mircea cel Bătrân 109, Tel. 02 41/55 30 90, Fax 55 09 93, hotelcapri@capri.ro, DZ/Person ab 35 €.
Das Drei-Sterne-Haus in der Nähe von Theater und Oper ist mit Terrasse, Bar, Konferenzraum, Billardspiel und Sauna ausgestattet.

Hotel Guci: Str. Răscoalei 32, Tel. 02 41/69 55 00, Fax 63 84 26, guci@rolitoral.ro, DZ/Person ab 35 €.
Das Guci ist ein beliebtes modernes Drei-Sterne-Hotel mit mexikanischem Restaurant, mit Bar, Sauna und Kabel-TV inmitten des Geschäftsviertels.

Hotel Dali: Str. Smârdan 6 a, Tel. u. Fax 02 41/61 61 14, receptie @hotel-dali.ro, www.hotel-dali.ro, DZ/Person ab 60 €.
Das Dali ist Constanţas neustes und modernstes Vier-Sterne-Hotel mit Stil. Vierstöckig liegt es nahe der Oper. Von seinen Zimmern und Appartements aus hat man einen Blick über den Touristenhafen aufs Meer. Auch Konferenzräume sind zu mieten.

Konditoreien Silvian: Blvd. Aurel Vlaicu 107, Str. I. G. Duca 73 und Str. Caragiale 84.
Man koste das frische salzige und süße Gebäck sowie die traditionellen Törtchen.

Restaurant On Plonge: Tomis Hafen, Reservierungstel. 02 41/60 19 05.
Ein günstiges Fischrestaurant am Hafen. Man bestelle die Meeresfrüchte-Spezialitäten (ca. 15 €/Person für Menü incl. Getränk).

Restaurant Gente: Piaţa Ovidiu 7, Reservierungstel. 02 41/70 93 83, 10–24 Uhr.
Ein ›Italiener‹ in Sichtweite des Ovid-Standbilds (15 €/Person für Menü incl. Getränk). Das Restaurant wurde 2003 renoviert.

Restaurant La Scoica: Str. Aprodu Purice 5, Reservierungstel. 02 41/ 61 41 64, nonstop geöffnet.
›Die Muschel‹ führt in gepflegter Atmosphäre italienische Küche zu moderaten Preisen (ca. 20 €).

Restaurant La Proţap: Blvd. 1. Decembrie 1918 Nr. 2, Reservierungstel./Fax 02 41/63 96 22, geöffnet 21–2 Uhr, restaurant-la-protap@rdslink.ro.
La Proţap (›Am Holzkohlegrill‹) ist ein auf Wildgerichte spezialisiertes, edel ausgestattetes Restaurant, das mit dem Spruch »eine Bergoase, ein Panflötenlied am Schwarzen Meer« wirbt. Wie in alten Burgverliesen speist man Spanferkel in Milchsoße, auf Holzkohle gegrillten Hirsch, Bärenfleisch wie aus der Berghütte u. ä. (ca. 30 €/Person für Menü incl. Getränk). Die Bar bietet alte Cognacs und seltene Weine. Dazu spielt der auch international bekannte rumänische Panflöten-Virtuose Niculae Nejloveanu.

Flug:
Flughafen Mihai Kogălniceanu: Tel. 02 41/25 83 78. Von Mai bis September kommen und gehen hier die internationalen Linienflieger. Ganzjährig werden auch nationale Ziele wie Bukarest, Suceava und Timişoara bedient.

Fluggesellschaft Tarom: Str. Ştefan cel Mare 15, Tel. 02 41/66 26 32 (Ticketverkauf).

Bahn:
Bahnhof Constanţa: Tel. 02 41/61 79 30. Fernzüge u.a. über Bukarest nach Budapest, weiter nach Wien und Frankfurt/Main sowie zahlreiche innerrumänische Verbindungen. Zugtickets verkauft die **CFR-Reiseagentur,** Str. Ca-

narache Vasile 4, Tel. 02 41/61 49 60. Am besten wird man schon ein paar Tage vorher vorstellig.

Bus:
Vom Busbahnhof vor dem Bahnhof Constanţa starten **Linienbusse** in die Region, zu den Hauptorten auch kleinere **Minibusse** in privater Regie.

Autovermietung:
Hertz Franchise, Blvd. Tomis 65, Tel. 02 41/66 11 00, rocnd61@hertz.com.ro, www.hertz.com.ro
Avis Rent A Car: Tel. 02 41/61 67 33, reservation@avis.ro, www.avis.ro. Beide sind seriöse Vermieteradressen.

Taxi:
Taxizentralen mit Taxameter-Berechnung: Romaris, Tel. 02 41/69 00 00; General Taxi, Tel. 02 41/953; Mondial, Tel. 02 41/69 33 33; Sageata, Tel. 02 41/63 80 00.
Maxi-Taxi: Die preiswerte Alternative für Einzelreisende (s. a. S. 37). Bei den Maxi-Taxis von Constanţa sind die jeweiligen Routen an der Frontscheibe ausgewiesen.

Ziele in der Umgebung

All die Reisen, die von den Badeorten ausgehen, können auch in Constanţas Touristenbüros gebucht werden (s. Eforie Nord, S. 62). Dazu natürlich die Landesfahrten nach Bukarest, zu den Moldauklöstern, in die Karpaten und nach Siebenbürgen.

Corbu (F 5)

Das Bilderbuchdorf ca. 25 km nördlich von Constanţa am gleichnamigen Süßwassersee lädt zum Zwischenstopp Richtung Histria oder Delta oder als Ausweichquartier für Badetouristen mit kleiner Geldbörse ein. Die weißen Bauernhäuser sind im Dobrudscha-Stil mit blau gemusterten Bordüren verziert. Durch die Gartenzäune versuchen hier und da Ziegen, Halme und Laub vom Straßenrand anzuknabbern.

Pensiune Cristiana:
Tel. 02 41/75 94 73,
DZ/Person und Woche 30 €.
Die einfache Ausstattung erfüllt geringe Ansprüche. Aber der Gast ist auf jeden Fall sicher vor jeglichem Discolärm der Badeorte und zahlt nur wenig.

Corbu erreicht man per **Bus** oder **Pkw** auf der alten Landstraße von Constanţa Richtung Norden, 15 km nördlich von Năvodari.

Highlight 5

Costineşti (F 7)

Costineşti am gleichnamigen großen Süßwassersee ist im Kommen. Über Jahre war der südlich von Eforie Süd und nördlich von Olimp liegende Ort ausschließlich für junge Leute eine interessante Adresse. Hier am nach Mamaia breitesten und längsten Badestrand der Dobrudscha waren schon seit 1949 rumänische Ferienlager für Kinder veranstaltet worden. Ein Zentrum des Jugendtourismus entstand über die Jahrzehnte: mit Bungalows, Holz- und Steinhütten, Diskotheken und Clubtreffs. Und nicht nur die rumänische Jugend verbrachte hier die Sommerferien. In den letzten Jahren ist nun in dem gewachsenen Ort Costineşti die Infrastruktur stark verbessert worden. Ein paar Restaurant- und Hotelanlagen direkt am Meer können sich sogar in Sachen Attraktivität mit westlichen Pendants vergleichen. An der Strandpromenade und in den Diskotheken pulsiert das Leben. Aber es gibt sie natürlich immer noch in Costineşti, die klitzekleinen romantischen Holzferienhäuser, in denen sich zwei Personen kaum problemlos umdrehen können.

Sport & Strände

Costineşti bietet an seinem breiten goldgelben Sandstrand für aktive Badeurlauber ein Riesenangebot: **Wasserski, Surfen, Motorbootfahren, Segeln, Kanufahren** und **Rudern.** Wer **angeln** will, zieht sich an den nahen Süßwassersee zurück.

Ausgehen

Discoteca Vox Maris:
geöffnet 22–5 Uhr.
Die große Disco innerhalb der gleichnamigen Clubanlage am südlichen Ortsrand von Costineşti ist einer der beliebtesten Treffpunkte.
Discoteca Tineretului:
Str. Tineretului 26.

›Festtage des Meeres‹

Costineşti hat wie das große Constanţa in den Sommermonaten seine ›Sărbătorile Mării‹, also seine ›Festtage des Meeres‹. Dann trifft sich die junge Schauspielergilde in dem Badeort, und es finden aktuelle Theateraufführungen junger Schauspieltruppen aus ganz Rumänien statt, ebenso ein Film-Festival für die Jugend (›Festival de film pentru tineri‹) und ein Jazz-Festival (›Festival de jazz‹). Die Termine erfährt man über die lokalen Medien.

Auch diese Disco ist, wie der Name schon sagt, Treffpunkt der jungen Leute. Sie liegt im Norden von Costineşti am Süßwassersee nicht weit vom Strand entfernt.
Discoteca Albert: Str. Tineretului 28. Angeschlossen an die gleichnamige Pizzeria zieht auch diese Disco im Norden von Costineşti zahlreiche Urlauber an.

Feste & Unterhaltung

In den Sommermonaten finden die ›Sărbătorile Mării‹, also **›Festtage des Meeres‹** mit einer Reihe interessanter Kulturveranstaltungen statt (s. Tipp-Kasten).

Agenţie Arcada Euro: Str. Tineretului 15, 8716 Costineşti, Tel./Fax 02 41/73 45 31.
Hält über alles auf dem Laufenden, was man an der Küste braucht.

Pensiune Andreea: Sat Schitu, Tel. 02 41/75 94 73.
Die sehr preiswerte Pension ist eine einfache Unterkunft ein wenig außerhalb im Dorf Schitu.
Villa Ovidiu: Şoseaua Principală 12, Tel. 02 94/47 48 51,
DZ/Person und Woche ab 49 €.
Die neu gebaute Ein-Stern-Pension in einem mit Weinstöcken umrankten Garten bietet einfache Ausstattung.
Villa Victoria: Str. Delfinului 50, Tel. 07 21/22 81 60,
DZ/Person und Woche ab 59 €.
Das renovierte einfache Haus hat 30 2- und 3-Bett-Zimmer.
Complex Alex: Str. Grădinilor 1–5, Tel. 07 44/35 91 64,
DZ/Person und Woche ab 75 €.
Das Alex ist ein typischer Junge-Leute-Treff in Strandnähe mit Restaurant, Caféterrasse und eigener Diskothek.
Strandhotel Forum: Tel. 02 41/

73 40 20, Fax 73 40 77,
DZ/Person und Woche ab 79 €.
Das Zwei-Sterne-Hotel hat 135 Zimmer und vier Appartements sowie Restaurant und Bar. Es liegt direkt am Meer am südlichen Ortsrand von Costineşti und bietet Räumlichkeiten für Konferenzen, Konzerte und Ausstellungen; mit Wassersportangebot.

Hotel Club Vox Maris:
Tel. 02 41/73 40 62, Fax 73 42 88,
voxmarisromania@yahoo.com,
www.voxmarisclub.ro,
DZ/Person und Woche ab 90 €.
Die ›Stimme des Meeres‹ ist die größte rumänische Drei-Sterne-Hotelanlage am Schwarzen Meer mit vier Restaurants, drei Bars, zwei Swimmingpools und einer Diskothek. Sie liegt, hübsch begrünt, am südlichen Ortsrand von Costineşti. Von hier aus sind es 70 m zum Strand. 311 freundliche Einzel- und Zweibettzimmer sowie neun Appartements mit Kabel-TV warten in 21 modernen Villen auf Gäste. Ein extra Sport- und Abendunterhaltungsprogramm wird auf dem Terrain organisiert. Das Vox Maris ist etwas für Liebhaber von Club-Atmosphäre im Urlaub.

Camping Costineşti: Die Anlage hinter Strand und Süßwassersee ist seit Jahren ein Treffpunkt junger Zelter.

Restaurant Spring Time: an der Promenade am nördlichen Ortsrand.
Das Restaurant besitzt unbestritten eine schöne und ruhige Lage direkt am Strand. Serviert wird internationale Küche (15 €/Person für Menü incl. Getränk).

Restaurant Terasa DVG:
Aleea Principală, Reservierungstel.
02 41/73 42 00,
in der Saison nonstop geöffnet.
Hier wird rumänische und internationale Küche offeriert. Zu empfehlen sind Fischspezialitäten wie Wels-Ragout und Karpfen in Lake (20 €/Person für Menü incl. Getränk) sowie rumänische Weine.

Pizzerie Albert: Str. Tineretului 28 (im Norden des Orts), Reservierungs-

Auf der Promenade von Costineşti

tel. 02 41/73 40 27.
In lichten Räumen oder auf der großen Terrasse wird die, wie gesagt wird, beste Pizza von Costineşti serviert (ca. 20 € für ein Menü incl. Getränk).

Bahn: Das Seebad Costineşti besitzt eine eigene Bahnstation, wo die Schnellzüge aus Bukarest und Constanţa halten.
Agenţie de voiaj CFR Costineşti: Tel. 02 41/73 43 00.
Die Agentur verkauft Bahnfahrkarten für nationale und internationale Strecken vom Bahnhof Costineşti aus.
Per **Pkw** ist Costineşti von Constanţa aus Richtung Süden auf der E87 zu erreichen.

Ziele in der Umgebung

Von allen Badeorten werden **Busausflüge** angeboten. Ausflugsziele s. Eforie Nord (S. 62)
Mangalia (F 8): Das antike Callatis, die heutige Hafenstadt Mangalia, ist Richtung Süden nur 18 km entfernt (s. S. 76).
Elena-Kloster (F 7): Schnell erreicht man auf der E 87 das kleine Nonnenkloster der heiligen Elena am Meer direkt bei Costineşti (3 km südwestlich bei Schitu). Die Abtei, die nach der ehemaligen Königin Rumäniens benannt wurde, kann man derzeit aber nur von außen betrachten, da das Kloster seine Pforten für die Öffentlichkeit leider noch verschlossen hält.
Marienkloster von Techirghiol (F 7): nahe Agigea (15 km nördlich). Das Kloster der Heiligen Maria ist auf jeden Fall einen Besuch wert. Die Attraktion innerhalb dieser Anlage ist ein Holzkirchlein, das schon im 17. Jh. in den nördlichen Bergen Rumäniens, in der Region Maramuresch, gebaut und Anfang der 1950er Jahre nach Techirghiol verpflanzt wurde (s. S. 91 und Tour 3, S. 113).

Crişan (H 2)

Im typischen Deltaort Crişan am mittleren begradigten Donauarm Sulina tanken viele Schiffstouristen auf ihrer Tour durch das Naturlabyrinth neue Kräfte. Bis zum Seehafen Sulina sind es noch 25 Fahrtkilometer. Und nördlich der Fischerhaus-Siedlung warten die verschlungenen Arme der Alten Donau auf Bezwinger. Außerdem lockt das kleine Umweltmuseum vor Ort einige Interessierte. Naturfreunde und Angler sind hier ohnehin gut aufgehoben. Kein Wunder also, dass die Infrastruktur schon viel weiter ist als in anderen Deltaorten und dass neben den malerisch angetäuten Fischerbooten auch einige schmucke Neubauten entstanden sind.

Sehenswert

Umweltmuseum: Nur einen Katzensprung vom Hotel Lebăda entfernt, wirbt dieses kleine, aber feine Museum als Niederlassung des Donaudelta-Instituts von Tulcea für sein Projekt ›Grüne Donau‹ im Delta-Biosphärenreservat.

Sport

Angeln und Bootsfahren: Crişan ist ideal als Ausgangsort für Sportangler, Bootsfahrer und Naturkundler. Im Hotel Lebăda (s. u.), an der Mole oder schon im Hafen von Tulcea (s. S. 92) vermittelt man Wassersport- und Angelangebote sowie Bootsfahrten plus ortskundige Führer.

Sat de vacanţă Roşu:
Tel. 02 40/52 42 42,

DZ/Person und Woche ca. 35 €.
Das Feriendorf bietet einfache und preiswerte Miethäuschen im nahen Caraorman an.

Pensiune Gheorghe Silviu:
Tel. 02 40/51 12 79,
DZ/Person und Woche ca. 39 €.
Die sehr preiswerte Pension genügt vor allem Gästen, die einfache Ansprüche stellen.

Hotel Lebăda: Tel. 02 40/54 37 78,
DZ/Person und Woche ca. 70 €.
Der ›Schwan‹ ist ein modernes Haus mit 148 Betten und einem gutem Restaurant direkt an der Mole. Er bildet das touristische Aushängeschild von Crişan.

Im Restaurant des **Hotel Lebăda** (s. o., Unterkunft) sollte man sich unbedingt frischen Fisch servieren lassen (20 €/Menü mit Getränk).

Schiff: Crişan erreicht man vom Donauhafen Tulcea aus auf dem Donauarm Sulina.

Bus: Linienbusse verkehren auf der Landstraße Richtung Sulina.

Ziele in der Umgebung

Grindul Caraorman: In diesem 7000 Hektar großen Landstreifen südlich von Crişan lässt sich in Dünen und Wäldern Deltanatur in der Praxis studieren. Eine große Zahl inzwischen seltener Vögel wie den Würgfalken oder den Seeadler kann man hier beobachten. Im Schutz der Bäume gehen Wildkatzen und Marderhunde auf die Jagd.

Alte Donau (Dunărea Veche): In den Kanälen und Lagunen dieses Gebiets nördlich von Crişan suchen unter den Schiffen im blaugrünen Wasser Barsche, Hechte, Zander und Karpfen das Weite. Kleine, dunkel gefiederte Enten tauchen in Windeseile zwischen gelbblühenden Seerosen ab, um bei der Weiterfahrt ihre Köpfchen plötzlich zu Dutzenden wieder aus dem Wasser zu recken.

2 Mai/Doi Mai (F 8)

Die kleine Ortschaft (ausgesprochen: ›doi mai‹) etwa 5 km südlich der Stadt Mangalia liegt nur ca. 8 km von der bulgarischen Grenze entfernt im Windschatten der großen rumänischen Badeorte. Deshalb sind hier in malerischer Küstenlage wie im noch südlicheren Ort Vama Veche keine großen Hotels, sondern nur Pensionen zu finden. Aber gerade das schätzen die Besucher, die Ruhe vom ›normalen‹ Küstenrummel suchen. Wie Vama Veche gilt 2 Mai derzeit sowohl als Standort für meresbiologische Forschungsprojekte als auch als Künstlertreff der rumänischen Avantgarde.

Sport & Strände

Wer sich sonnen und schwimmen will, kommt auch hier auf seine Kosten. Organisierter Strandservice ist aber noch Fehlanzeige.

Pension Florica: Str. A. I. Cuza 233, Tel. 02 41/74 36 23,
DZ/Person und Woche ab 40 €.
Einfache Zwei-Sterne-Unterkunft.

Pension La Soare: Str. 24. Ianuarie 296, Tel. 02 41/17 35 70,
DZ/Person und Woche ab 40 €.
Auch diese Zwei-Sterne-Unterkunft erhebt keinen Anspruch auf Komfort.

Motel Casa Dogarilor: Str. Islaz 328, Tel. 02 41/74 36 51,
DZ/Person und Woche ab 60 €.
200 m vom Strand entfernt, wartet ein kleines modernes Motel mit lauschigem Innenhof auf Gäste. Die 2- und 3-Bett-

Zimmer sind einfach ausgestattet. Kabel-TV und ein kleines Restaurant stehen zur Verfügung. Man ist spezialisiert auf Schüler- und Sportlergruppen.

Bahn: Der Zugreisende kann von Bukarest aus bis Mangalia kommen und muss dann in den Linienbus Richtung 2 Mai umsteigen.
Pkw: Autofahrer folgen der E87 von Mangalia aus weiter Richtung Süden.

Ziele in der Umgebung

Limanu: Knapp 5 km von 2 Mai aus Richtung Westen erreicht man das Dorf Limanu. Die dortige gleichnamige Höhle ist mit ihren 3200 m Länge ein speläologisches Naturschutzgebiet, in dem sogar Fragmente römischer Keramik entdeckt wurden. Am Höhleneingang lebt eine Fledermauskolonie. Leider ist Limanu derzeit noch nicht im Inneren zu besichtigen.

Frisch gestrichen: Farbenpracht in Doi Mai

Eforie Nord (F 7)

In den 1970er Jahren, als die deutschen Besucher die rumänischen Seebäder erstmals in großer Zahl für sich entdeckten, da war das nur 14 km südlich der Flughafenstadt Constanţa gelegene Eforie Nord eine attraktive Adresse. Die damals neuen Hotels boten gute Unterkunft und Verpflegung insbesondere für Familien mit Kindern. Über ein paar Treppen nur gelangte man von den Hotels und Pensionen am Schwarzmeer-Steilufer zu den verschiedenen Abschnitten des Strands, der zwar nicht gerade breit, aber langgestreckt ist. Und auch der Service und das Preis-Leistungsverhältnis stimmten über ein Jahrzehnt. Dann sank Efories Ruf mit der politischen und wirtschaftlichen Misere des Landes sozusagen in den Keller. Wer jetzt noch als Westtourist in den Anfang des 20. Jh. angelegten Badeort reiste, der ließ sich von den Kuranwendungen des ortseigenen Sanatoriums locken. In der Saison 2004 sind nun auch die großen westlichen Reiseunternehmen wieder nach Eforie-Nord und an den Belona-Süßwassersee zurückgekehrt. Das Hotelangebot mit 16 000 Betten kann sich schon wieder sehen lassen, allen voran natürlich dasjenige, das mit dem Wellness-Kurprogramm zusammenhängt. Aber auch eine ganze Reihe Restaurants im Ort und direkt an den Stränden können wieder empfohlen werden. Bunte Verkaufsstände an der Promenade locken mit Souvenirs, Eiscreme, Getränken und Snacks. In den Bars und Discos geht wieder die Post ab. Auch die vielen rumänischen Sommergäste fühlen sich auf jeden Fall pudelwohl hier.

Sport & Strände

Strandleben: Sonnen und baden sind insbesondere am schmalen, aber feinsandigen Strand angesagt. Dort und am Süßwassersee kann man auch einige Wassersportangebote wahrnehmen.

Wellness/Kur-Angebote:
Im komplett renovierten **Hotel Europa** oberhalb des Belona-Ses hat 2004 eine neue Poliklinik mit Kurabteilung eröffnet.

›Zamfirs Hochzeit‹

Das Restaurant mit dem schönn Namen ›Nunta Zamfirei‹, also ›Zamfirs Hochzeit‹, liegt zwar ein wenig ab von der Küste, gilt aber insbesondere für Busreisegruppen als der Inbegriff eines Folklore-Treffpunkts. Denn bei ›Zamfirs Hochzeit‹ läuft bis nachts zu flotten rumänischen Rhythmen ein Tanzprogramm ab. Es kann nach Herzenslust gegessen, getrunken und auch mitgetanzt werden (Str. Republicii, geöffnet 12–24 Uhr).

Efosan-Kurzentrum: Str. Specială, Tel. 02 41/74 10 92, www.efosan.ro, ganzjährig geöffnet.
Das bekannte Kurzentrum nahe der Hotels Steaua de Mare und Britannia im Norden des Badeorts soll eine der besten physio-therapeutischen Einrichtungen des Landes sein. Es ist unter fachärztlicher Kontrolle auf die Behandlung rheumatischer Entzündungen, Nervenleiden, Kreislaufstörungen, Hautkrankheiten, Atmungsleiden, Unfruchtbarkeit sowie Schönheitsbehandlungen spezialisiert. Das Traditionshaus setzt mit seiner Arbeit auf mehrere natürliche ›Wundermittel‹ der Küste: auf die stark ionisierte Meeresluft, die die Bakterien in den Atmungswegen beseitigt und das Nervensystem heilsam reizt, auf das Schwarzmeerwasser mit seiner gesundheitsfördernden Konzentration mineralischer Stoffe und nicht zuletzt auf den Sapropel-Faulschlamm des nahen Techirghiol-Sees, der durch Gärung und Zerfall der Seefauna entstand und, reich an mineralischen und organischen Stoffen, eine aktivierende und regenerierende Wirkung auf das Gewebe hat. Angeboten werden auch die weltweit bekannten rumänischen Naturprodukte der Ärztin Dr. Ana Aslan, nach deren Heilungsmethoden auch in Deutschland gearbeitet wird.

Ausgehen

Restaurant Nunta Zamfirei: s. Tipp-Kasten.
Discoteca Marea Neagră: Str. 23. August 11.
Ein Jugendtreffpunkt am Rande des Şincai-Campingareals in der Nähe des Techirghiol-Sees im äußersten Südwesten von Eforie Nord.
Discoteca Iceberg: Die Disco liegt in der Nähe der Hotels Saturn, Atlas und Sirius.

Britannia: Str. Tudor Vladimirescu 39–43, Tel. 02 41/70 41 52, Fax 70 41 71, turism@steaua.demare-britannia.ro, www.steauademare-britannia.ro.
Das Touristenbüro im gleichnamigen Hotel vermittelt Tourenangebote am Schwarzen Meer, im Donaudelta und in den Karpaten sowie Plätze in den Kureinrichtungen
Eforie Tours: Str. Brizei 6, Tel. 02 41/74 13 51, Fax 74 18 41, eforie tours@efonet.ro, www.eforienord.ro.
Dieses Büro ist spezialisiert auf Angebote am Schwarzen Meer.

Hotel Vraja Mării: Str. Plaja Vraja Mării, Tel. 02 41/74 22 70, Fax 74 18 41, eforietours@efonet.ro, www.eforienord.ro, DZ/Person und Woche ab 89 €.
Das einfache Zwei-Sterne-Hotel hat einen großen Vorteil: Es liegt weitab des abendlichen Rummels direkt am südlichsten Strandzipfel von Eforie Nord.
Hotels Steaua de Mare und Britannia: Blvd. Tudor Vladimirescu

39–43, Tel. 02 41/70 41 07/05, Fax 70 41 71, turism@steauademare-britannia.ro, www.steauademare-britannia.ro.
Beide Hotels im Norden des Badeorts hoch über dem Strand haben den Vorteil, direkt neben der Küste und der Kurklinik Efosan zu liegen. Sowohl Bade- als auch Kurgäste liegen hier also goldrichtig. Dabei bietet das günstige Zwei-Sterne-Haus Steaua de Mare, also ›Seestern‹ (DZ/Person und Woche ab 95 €), natürlich einen niedrigeren Komfort als das luxuriöse und teurere Vier-Sterne-Hotel Britannia (DZ/Person und Woche ab 159 €). Beide bewirten ihre Gäste in Restaurants und verfügen über Kabel-TV sowie weitere Unterhaltungs- und Sporteinrichtungen.

Hotel Union: Blvd. Tudor Vladimirescu 26, Tel. 02 41/74 11 77, Fax 74 18 41, eforietours@efonet.ro, www.eforienord.ro, DZ/Person und Woche ab 119 €.
Auch das Drei-Sterne-Haus Union liegt direkt an der Steilküste hoch über dem Sandstrand und verfügt über schönen Meerblick. Restaurant, Kabel-TV, Swimmingpool und ein Tennisterrain können genutzt werden.

Hotel Europa: Blvd. Republicii 19, Fax 02 41/71 42 75, DZ ab 159 €/Person und Woche
Komplett renoviert und modernisiert, hat das Vier-Sterne-Hotel oberhalb des Belona-Sees seit 2004 wieder seine Pforten geöffnet. Angeschlossen ist eine ganz neue Kurklinik, die Wellness-Angebote offeriert (von Deutschland aus pauschal buchbar).

Camping Meduza:
Tel. 02 41/74 23 85, Fax 61 73 90.
Etwa 200 m vom Strand entfernt stehen 600 Stellplätze mit einfachen sanitären Anlagen zur Verfügung. Für Wohnwagen existiert eine Kanalisation. Bar, Pizzeria und Kiosk versorgen mit Lebensmitteln. Wachdienst rund um die Uhr.

Konditorei und Restaurant Perla Mării: Str. Republicii 36.
Die ›Meeresperle‹ nahe dem Süßwassersee Belona bietet außer Kaffee und dem typischen rumänischen Törtchen-Sortiment auch internationale Küche (15 €) sowie ein Programm mit Folklore und Tanz.

Restaurant Acapulco: Str. Tudor Vladimirescu 43, Reservierungstel. 02 41/74 11 91.
Direkt am Küstensaum wartet das Acapulco mit internationaler Küche auf. Die besonderen Fisch- und Meeresfrüchte-Gerichte (15 €/Person für Menü incl. Getränk) sind zu empfehlen.

Restaurant Vraja Mării: s.Hotels Reservierungstel. 02 41/74 23 51, geöffnet bis 2 Uhr nachts.
Für alle, die gleichzeitig in Ruhe den Wellenschlag hören und einfache, günstige rumänische Küche (15 €/Person für Menü incl. Getränk) genießen möchten.

Bahn: Eforie Nord ist gemeinsam mit Eforie Süd Station an der Schnellzugstrecke Bukarest–Constanţa–Mangalia.
Mit dem **Pkw oder Linienbus** erreicht man Eforie Nord von Constanţa aus Richtung Süden auf der E87.

Ziele in der Umgebung

Constanţa (F 6, s. S. 45): Das antike Tomis, heute die zweitgrößte Stadt Rumäniens, ist über die E87 nach Norden nur 10 km entfernt. Einen Tag sollte man einplanen, um durch das alte Stadtzentrum rund um die Ovid-Statue zu bummeln, sich auf der Hafenpromenade oder auf den Märkten der Altstadt treiben zu lassen. Zahlreiche Museen präsentieren die kulturellen Höhepunkte der Region.

Mangalia (F 8, s. S. 76): 30 km auf der E87 Richtung Süden. Im Callatis der antike gibt es im Archäologischen Museum vor allem Schätze aus der griechischen und römischen Kulturepoche der Dobrudscha-Region zu betrachten, und besonders am Hafen pulsiert das Leben.
Donau-Schwarzmeer-Kanal (F 6/7): Von Eforie Nord sind es über die E87 nach Norden nur 4 km nach Agigea (s. S. 40), wo es den inzwischen mit Constanţas Anlage zusammengewachsenen riesigen Seehafen zu sehen gibt. Außerdem fließt in Agigea der südliche Arm des Donau-Schwarzmeer-Kanals, von Cernavoda kommend, in die See.
Techirghiol (F 7, s. S. 91 und Tour 3, S. 113): Auf der Landstraße 38 gelangt man nach 5 km in die Ortschaft Techirghiol an den gleichnamigen Süßwassersee. Hier kann man das bekannte Holzkirchlein der Heiligen Maria aus dem 17. Jh. besichtigen und dem neuen Marienkloster eine Aufwartung machen.
Murfatlar (E 6, s. S. 43 und Tour 5, S. 116): Über die E87 Richtung Constanţa und von da über die Nationalstraße 3 findet man in kurzer Zeit zum Weingut beim Städtchen Basarabi (30 km).
Adamclisi (D 7, s. S. 40 und Tour 4, S. 114): Das Dorf Adamclisi mit dem nahegelegenen originalgetreu rekonstruierten Siegesmal Tropaeum Traiani aus der Römerzeit ist einen Ausflug wert (80 km, ab Constanţa auf der Nationalstraße 3 nach Westen).
Kloster St. Andreas (C7, s. S. 67) und **Kloster Dervent** (B 7, s. S. 66): Wer der Nationalstraße 3 Richtung Westen folgt, trifft beim Ort Ion Corvin auf das Kloster St. Andreas und seine kleine Höhlenkirche (90 km). Und wer noch Zeit und Benzin genug hat für weitere 30 km auf der Nationalstraße 3 Richtung Westen, erreicht kurz vor der Stadt Ostrov das Kloster Dervent am Bugeac-See bei Galiţa (s. a. Tour 4, S. 114).
Histria (F 5, s. S. 64 und Tour 2, S. 110): Jeder Schwarzmeer-Tourist sollte auch einmal die Ruinenstadt Histria gesehen haben. Von Eforie Nord über Constanţa fährt man auf der E87 Richtung Norden und biegt nach Sacele Richtung Küste nach Histria ab (70 km).
Donaudelta (F–H 1–3, s. a. Tour 1, S. 108): Das beliebteste Tourenziel für Schwarzmeer-Badegäste ist bestimmt die Hafenstadt Tulcea und damit ein Ausflug ins Donaudelta. Von Constanţa aus auf der E87 Richtung Norden in nur 120 km zu erreichen, öffnet sich hier im Labyrinth der Flussarme, Kanäle und Lagunen eines der letzten fast unberührten Naturparadiese Europas. Seltene Vögel, Fische und auch Landtiere kann man hier in ihrem Lebensraum beobachten und Pflanzenarten gedeihen sehen, von deren Schönheit man als Großstädter noch nichts ahnte. Und letztlich reist man auf den drei unterschiedlichen Mündungsarmen des Flusses automatisch auch in eine Wirklichkeit hinein, in der die Uhren noch ganz bedächtig zu schlagen scheinen.

Eforie Süd (F 7)

Wie Eforie Nord wurde auch der südlichere Teil des Seebads (insgesamt 9000 Einwohner) Anfang des 20. Jh. an die Küste zwischen Constanţa und Mangalia gebaut. Dabei war der schachbrettmäßig zwischen Techirghiol-See und Küste angelegte Ort anfangs unter dem Namen Carmen Silva, dem Pseudonym der dichtenden Königin Maria von Rumänien, bekannt. Richtig in Mode kam der Ort in den 1930er Jahren, als man das Salzwasser und den Faulschlamm des nahen Techirghiol-Sees erfolgreich für therapeutische Zwecke nutzte. Bis heute ist Eforie Süd mit seinem Balnear-Kurzentrum Băile Reci am Seeufer eine beliebte Adresse für Kurgäste aus dem In- und Ausland, die man dann, ganz mit tiefschwarzem Sapropelschlamm bedeckt, am Strand beobachten kann. Ansonsten ist Eforie Süd mit seinen 11 000 angebotenen Betten, seinen recht breiten Meeresstrand-Abschnitten und den vielen Campingmöglichkeiten ein beliebtes Erholungsziel der Rumänen. Westliche Touristen kommen kaum, da die Hotels bislang noch nicht über ein bescheidenes Serviceangebot hinausgekommen sind.

Sport & Strände

Baden und Wassersport: Der Strand ist feinsandig und um kleinere Buchten gruppiert. Hier findet man auch einige Wassersportangebote.

Tennis: An der Durchgangsstraße Richtung Mangalia befindet sich eine große Tennisanlage.

Wellness-Angebote: Kurzentrum Băile Reci, Tel. 02 41/74 85 94.

Das ›kalte Bäder‹ genannte Kurzentrum hat schon Tradition. Direkt an einem geschützten Abschnitt des Techirghiol-Seeufers nutzt man hier bei gutem Wetter gleich im Freien den Segen des pechschwarzen Sapropelschlamms. Besonders chronisch Rheumakranke, Patienten mit haut- oder gynäkologischen Leiden und Stoffwechselstörungen schwören auf die Therapie, kommen immer wieder, lassen den Schlamm auf ihren Körpern trocknen, um ihn nach ein paar Stunden im warmen Seewasser wieder abzuwaschen.

Ausgehen

Diskothek Grota Nimfelor:

In der ›Grotte der Nymphen‹ nahe der Faleza im Norden des Orts tanzt man bis morgens ab.

Feste & Unterhaltung

Konzerte: Im Sommertheater (Teatrul de vară) in der Nähe der Durchgangsstraße Constanţa–Mangalia finden regelmäßig Musik- und Unterhaltungsprogramme statt. Die Termine werden in den lokalen Medien bekanntgegeben. Oft werden auch gleich am Strand Eintrittskarten verkauft.

Kino: Inzwischen sind auch die internationalen Filmhits in den rumänischen Kinos zu sehen, allerdings in Originalton mit rumänischen Untertiteln. Efories Kino ist nahe der Faleza im Ortszentrum zu finden.

Hotel Gloria: Str. Faleza 2, Tel. 02 41/74 88 76, DZ/Person und Woche ab 59 €.

Das Ein-Stern-Hotel Gloria im äußersten Norden des Ferienorts ist eines dieser fünf gleich gebauten Blocks direkt an der Küste, die einfache Ansprüche erfüllen, aber noch lange nicht Weststandard haben. Dafür kostet die Übernachtung auch nicht viel.

Hotel Cosmos: Str. Mihai Eminescu 26, Tel. 02 41/74 83 54, DZ/Person und Woche ab 79 €.

Zwei-Sterne-Qualität und damit das Maximum für Eforie Süd weist der im Süden des Orts in Strandnähe gelegene Hotelblock auf.

Camping Cosmos: Str. Dr. Cantacuzino 94–98, Tel. 02 41/74 26 54.

In diesem im Südteil des Orts in Strandnähe gelegenen Areal werden auch einfache Häuschen mit Geschirrspüler und TV vermietet. Die sanitären Einrichtungen sind einfach.

Restaurant Măgura: Str. Dr. Cantacuzino 78, Tel. 02 41/74 85 92.

Das Măgura im Süden des Orts in der Nähe des Strands hat rumänische Kü-

che auf dem Speisezettel (12 €/Person für Menü incl. Getränk).
Restaurant Hanul Haiducilor: Str. Dr. Cantacuzino 72, Reservierungstel. 02 41/74 99 24, geöffnet bis 2 Uhr nachts.
In der ›Gaststätte der Haiducken‹ neben Hotel Măgura gibt es traditionell rumänische Küche (15 €/Person für Menü incl. Getränk) und ein Folkloremusik-Programm.
Restaurant ›Floare de colţ‹ (Edelweiß): Str. Dezrobirii 53, Tel. 02 41/74 80 30, nonstop geöffnet.
Das ›Edelweiß‹ in unmittelbarer Strandnähe im Süden des Badeorts hat sich auf internationale Gerichte spezialisiert (15 €/Person für Menü incl. Getränk).

Bahn: Ganz in der Nähe des Techirghiol-Sees liegt die Bahnstation von Eforie für die Schnellzugstrecke Bukarest–Constanţa–Mangalia (s. a. Eforie Nord).
Bus: Linienbus auf der E87 von Constanţa aus gen Süden.

Ziele in der Umgebung

Von allen Badeorten werden **Busausflüge** angeboten. Ausflugsziele s. Eforie Nord, S. 62.

Highlight 6

Histria (F 5)

Griechische Seefahrer und Händler gründeten im 7. Jh. v. Chr. ca. 40 km nördlich von Constanţa eine Siedlung namens Istros, die rasch zur Stadt anwuchs und im 7. Jh. n. Chr. von ihren dann römischen Bewohnern, der vielen asiatischen Eroberer wegen, Hals über Kopf verlassen wurde. Bald versandete auch der einstmals wichtige Schwarzmeerhafen. Heute ist die Anlage nur noch Ruinenstadt: mit beeindruckenden Resten ehemaliger Mauern, Bürgerhäuser, Tempel, Theater und Thermen am nahe plätschernden Sinoe-Süßwassersee (s. a. Tour 2, S. 110).

Sehenswert

Der Rundgang über das weitläufige **Freilichtgelände** mit den griechischen und römisch-byzantinischen Ruinen ist auf jeden Fall zu empfehlen. Ebenso der Besuch des **Histria-Museums** mit allerhand kunstvollen Keramikgefäßen, Grabstelen und marmornen dakischen Reiterfiguren: tgl. 9–16 Uhr.

Info Litoral Touristeninformationszentrum: Str. Traian 36, 8700 Constanţa, Tel. 02 41/55 50 00, Fax 55 51 11, info@infolitoral.ro, www.infolitoral.ro.
Vom Büro in Constanţa erhält man Informationen zum Besuch der Ruinenstadt und kann Ausflüge dorthin buchen.

Campingmöglichkeit in der Nähe des Museums.

Der Pächter der kleinen Gaststätte kocht gute einheimische Kost (sehr preiswert).

Etwa 6 km westlich der Ruinenstadt befindet sich eine **Bus**haltestelle der Linie Constanţa–Mihai Viteazu am Abbieger »Cetatea Histria«.

Jupiter (F 8)

Administrativ gehört Jupiter zu der südlich davon liegenden Stadt Mangalia. Der Ort zwischen Neptun und Cap Aurora ist eines neueren Ferienziele am

Schwarzen Meer. An den künstlich angelegten Tismana- und Jupiter-Seen und am Comorova-Wald stehen hier, so sagen es die Statistiken, 8500 Betten in meist Ein- bis Zwei-Sterne-Hotels zur Verfügung. Um drei Badebuchten gruppieren sich die meisten Hotels mit Meerblick. Doch der breiteste Strand erstreckt sich nördlich davon am Tismana-See, wo denn auch in der Saison ›der Bär los‹ ist. Eisbuden, kleine Strandrestaurants und Bars locken.Der Strandservice ist vorbildlich. Auch das Nachtleben hat wieder etwas zu bieten. Einige westliche Reiseveranstalter sind inzwischen nach Jupiter zurückgekehrt und werben in speziell renovierten Hotelanlagen insbesondere mit familienfreundlichen Angeboten und Kinder-Clubs.

Sport & Strände

Baden und Wassersport: An Jupiters breitem Sandstrand können die Kleinen buddeln und im in der Uferzone seichten Wasser plantschen. Die Großen genießen die Sonne, die Wellen und finden vor Ort im ›Nautical Club‹ direkt am Tismana-See zahlreiche attraktive Wassersportangebote.

Beachvolleyball: Am Strand von Jupiter stehen Spielfelder mit Volleyballnetzen zur Verfügung.

Tennis: Eine Tennisanlage kann in der Nähe des Hotels Capitol ganz im Süden des Badeorts genutzt werden. Reservierungstel. 02 41/73 13 05. Andere Plätze sind zwischen Tismana- und Jupiter-See im Norden des Ortes sowie an der Durchgangsstraße Richtung Zodiac-Camping zu finden.

Minigolf: Direkt hinter dem Hotel Tismana ist eine große Minigolfanlage zu bespielen. Ebenso in Strandnähe zwischen den beiden Süßwasserseen.

Ausgehen

Restaurant Four Seasons: Die ›Vier Jahreszeiten‹ sind ein Pub-Grill, der von 10 Uhr bis spätabends geöffnet hat.

Cinema Jupiter: Kino im Herzen des Ferienorts mit auch internationalen Filmen, die im Original mit rumänischen Untertiteln laufen.

Captain Mondy's Club: Ein Nachtklub direkt neben dem Kino, der von 21 bis 4 Uhr geöffnet ist.

Club Paradis: s. Tipp-Kasten

Kinder

Für Kinder sind an dem Strand beim Tismana-See **Spielmöglichkeiten** geschaffen. Einem Teil des Strandes vorgelagert ist dort eine Reihe von künstlichen Wellenbrechern, auf denen die Jugend nach Herzenslust klettern kann. Deutsche Reiseveranstalter haben im Hotel Tismana spezielle deutschsprachige **Betreuung für Kinder** eingerichtet.

Hotel Iris: Tel. 0 2 41/73 14 02, Fax 73 14 02, DZ/Person und Woche ab 69 €. Das Ein-Stern-Haus im Süden Jupiters inmitten der Hotel-Phalanx des Ferienorts genügt einfachsten Ansprüchen. 2001 wurde das Hotel renoviert.

Hotel Delta: Tel. 02 41/73 13 04, Fax 73 13 51, DZ/Person und Woche ab 79 €.

Club Paradis

Früher war das ›Paradies‹ ein an der rumänischen Küste weit bekannter Nachtklub. Heute ist es eher eine Disco, die bis 5 Uhr morgens geöffnet ist. Die Lage direkt am großen Strand von Jupiter ist immer noch ideal, das Ambiente mit Swimmingpool ebenfalls wieder geschmackvoll.

Das Zwei-Sterne-Hotel Delta im Süden Jupiters liegt nahe einer kleinen Badebucht. Man geht 50 m zum privaten Hotelstrand. Die Zimmer haben Kabel-TV.
Hotel Tismana: Tel. 02 41/70 20 00, DZ/Person und Woche ab 119 €.
Das im Atriumstil gebaute Zwei-Sterne-Hotel direkt am Tismana-Süßwassersee ist im Winter 2002/03 komplett renoviert und mit Kabel-TV und einem schönen Swimmingpool versehen worden. Zum breitesten Strandabschnitt führt ein 100 m langer Fußweg an beiden Seen vorbei. Westliche Reiseveranstalter haben das 250-Betten-Haus nun als Drei-Sterne-Haus mit speziellen Serviceangeboten ins Programm genommen und bewerben es als ›Sunshine Club‹ speziell für Familien mit Kindern. Tischtennis-, Freiluftschach- und Fußballspieler haben ebenfalls Vorfahrt.
Zodiac-Camping: Auf einer riesigen Fläche im Westen des Badeorts gruppieren sich um ein Restaurant kleine Ferienhäuser und eine Fläche für Zelte. Die sanitären Anlagen genügen einfachen Ansprüchen.

Die Küche des **Tismana** (s. Unterkunft) kocht rumänische und internationale Gerichte (19 €/Person für Menü und Getränk).
Das Restaurant des **Hotels Delta** (s. Unterkunft) serviert rumänische Spezialitäten (22 €/Person für Menü und Getränk).

Bahn: Von der Schnellzugstation Mangalia aus ist Jupiter per Bus oder Taxi (10 km) zu erreichen.

Ziele in der Umgebung

In der Nähe liegen **Mangalia** (s. S. 76), und das Marienkloster in **Techirghiol** (s. S. 91); weitere Ausflugsziele s. Eforie Nord (S. 62).

Kloster Dervent (B 7)

Inzwischen haben auch die Reiseveranstalter in den Badeorten das Dorf Dervent, das ganz im Windschatten der bulgarischen Grenze am Unterlauf der Donau liegt, als attraktives Tourenziel entdeckt und lassen mehrmals wöchentlich von Constanţa aus nach Westen pilgern. Wobei ›pilgern‹ hier auch das richtige Wort ist. Denn dem blitzweißen massiven Kloster werden unter gläubigen Christen einige Wunderkräfte nachgesagt (s. a. Tour 4, S. 115).

Sehenswert

Kloster Dervent: Wie in der Höhlenkirche des Klosters St. Andreas bei Ion Corvin (s., S. 67) soll auch hier, wo später Kloster Dervent errichtet wurde, nach 60 n. Chr. der Apostel Andreas, der Bruder des Simon Petrus und Begründer des rumänischen Christentums, gepredigt haben. ›Dervent‹ heißt eigentlich ›Lager‹, da hier zu der Zeit eine römische Garnison saß. Ob es nun römische Legionäre waren, die dem Apostel damals drei seiner Jünger vor Ort erschlugen, ist nicht geklärt. Zumindest sollen am Ort des Mordes alsbald allen, die Heilung suchten, drei Wunderkerzen erschienen sein. Heute betet man vor der klösterlichen ›Wunderikone Marias‹ und besorgt sich Wasser aus der Wunderquelle, die bei Kloster Dervent entspringt.

Kloster Dervent beim Dorf Galiţa liegt ca. 110 km von Constanţa entfernt. Man erreicht es **nur mit dem Pkw oder Ausflugsbus,** über die Landstraße 3 Richtung Westen, Richtung Ostrov.

Kloster St. Andreas (C 7)

Das Dorf Ion Corvin zwischen den Städten Constanţa und Călăraşi im Westen der Badeorte besitzt eine einzige Attraktion für den Besucher: die in ganz Rumänien bekannte Höhlenkirche des heiligen Andreas innerhalb des Klosterkomplexes St. Andreas. Das Kloster selbst blühte seit der politischen Wende mächtig auf. Viele junge Männer ließen sich als Mönche hier nieder und packten beim Haus- und Kirchenbau kräftig mit an. Man steht aber auch in Sachen Tourismus mit beiden Beinen in der Wirklichkeit und hat das Kloster zu einem attraktiven Ausflugsziel für Busreisegruppen von der Küste herausgeputzt. Der Souvenirverkauf blüht. Und unter lauschigen Bäumen werden den Gästen auf blitzsauberen weißen Tischdecken von den Mönchen selbst hergestellte köstliche Speisen und Weine gereicht (s. a. Tour 4, S. 115).

Highlight 7

Sehenswert

Höhlenkirche des heiligen Andreas: In der nur von Kerzen ausgeleuchteten Felshöhle soll der Apostel Andreas, der Bruder des Simon Petrus, ab 60 n. Chr. als Einsiedler sein Leben gefristet haben. Mit seinen Jüngern soll er dann den Kirchraum aus dem Felsen geschlagen und damit das erste Gotteshaus Rumäniens erbaut haben. Von hier aus sei die ganze Region zum Christentum bekehrt worden, erklärt es die rumänische Kirchengeschichte. Dem gemäß heilig erscheint strenggläubigen Christen in Rumänien auch dieser Ort, wohin sie zumindest einmal in ihrem Leben gepilgert sein wollen. Die Höhle war schon 1942 geweiht und bis Ende des Zweiten Weltkriegs als Kirche genutzt worden. Dann schlossen die Kommunisten den Gebetsraum für die Öffentlichkeit. Nach 1989 darf dort nun wieder Gottesdienst gefeiert werden. Drinnen nimmt ein netter Mönch gerne auch die auf kleine Zettel geschriebenen Herzenswünsche und Gebete der Besucher an und verspricht, sie im nächsten Gottesdienst des Klosters in seine Gebete mit einzuschließen.

Feste

Ein Glücksfall, wenn man als Gast an einem der kirchlichen Feiertage, also zu Ostern, Pfingsten oder Weihnachten, oder auch an einem ›normalen‹ Sonntag in St. Andreas vorbeikommt. Dann ist die Aufbruchstimmung unter den orthodoxen Christen gerade hier auf dem Lande zu spüren.

St. Andreas' Mönche kochen gut. Man genieße also ruhig einmal die typischen Dobrudscha-Spezialitäten der klostereigenen Landwirtschaft und Küche direkt vor Ort (10 €/Person für Menü und Getränk).

Ion Corvin und das Kloster St. Andreas erreicht man von Constanţa aus **nur mit Bus oder Auto** auf der Landstraße 3 nach etwa 80 km gen Westen Richtung Ostrov.

Mahmudia (G 2)

Der Deltaflecken mit dem ob der osmanischen Vergangenheit türkischen Namen liegt am südlichsten Donauarm Sfântul Gheorghe etwa 30 km südöstlich von Tulcea. Von hier aus startet man bestens ins Labyrinth der Wasserstraßen.

Sport

Die Touristeninformation im Hotel Teo vermittelt **Wassersport-, Angel- und Jagdangebote.**

Eine Touristeninformation befindet sich im Hotel Teo.

Pension Tamarin I und II: Tel. 02 40/51 12 79, DZ/Person und Woche ca. 25 €. Die einfache Zwei-Sterne-Unterkunft ist sehr preiswert zu mieten.
Hotel Teo: Tel./Fax 02 40/54 55 50, DZ/Person und Woche ca. 30 €. Hotel Teo ist die beste Unterkunft am Platze. Das günstige Drei-Sterne-Haus mit Kabel-TV-Zimmern und Bowlingbahn kann direkt am Wasser internationale Kundschaft begrüßen.

Hotel Teo: Das Hotelrestaurant ist auf Fischspeisen spezialisiert (10 €/Person für Menü incl. Getränk).

Schiff: Mahmudia erreicht man von Tulcea aus per Schiff auf dem Donauarm Sfântu Gheorghe
Pkw oder Bus: auf der Landstraße Richtung Murighiol.

Maliuc (G 2)

An der mit Gummireifen geschützten Anlegestelle des Örtchens am Donauarm Sulina macht manch ein Angler fest. Weißgekalkte, schilfgedeckte Dorfhäuser leuchten aus dem Blättermeer. Am Ufersaum liegen die Ruderboote der Bewohner fest vertäut. Auf den Strommasten füttern Storcheneltern ihre Jungen – eine Dorfidylle etwa 25 km östlich der Donauhafenstadt Tulcea.

Pension Andrea: Tel. 02 40/51 12 79, DZ/Person und Woche 25 €. Die Privatpension bietet einfachste Unterkunft.
Maliuc Inn: Tel. 02 40/51 61 15, DZ/Person und Woche 30 €. Das Zwei-Sterne-Haus stellt 45 einfache Zimmer zur Verfügung.

Schiff: Maliuc erreicht man von der Stadt Tulcea aus auf dem Donauarm Sulina.
Pkw: auf der Landstraße Richtung Osten zum Hafenstädtchen Sulina am Schwarzen Meer.

Mamaia (F 6)

Rumäniens derzeit vorzeigbarster Badeort Mamaia liegt nördlich der (Flug-)Hafenstadt Constanţa auf einer langgestreckten Landzunge zwischen Meer und Süßwassersee Siutghiol. Und somit besteht dieses Ferienziel eigentlich nur aus einem 10 km langen breiten Sandstrand, der Strandpromenade, der Hotelkette, der Zufahrtsstraße und dann dem Ufer des Sees – eine Kombination, die schon Ende der 1960er Jahre die deutschen ›Neckermänner‹ magisch anzog. Ende der 1970er Jahre geriet Mamaia im Strudel der letzten Regierungsjahre der Bukarester Kommunisten mit all den anderen rumänischen Badeorten aus westlicher Sicht erst mal aufs touristische Abstellgleis. Bis in die 1990er Jahre hinein stimmte das Angebot nicht mehr, so dass die Gäste ausblieben.

Aber seit ein paar Jahren haben es nun diese zehn touristischen Kilometer Mamaias wieder in sich. Die meisten Hotels sind privatisiert und rundum erneuert worden. Der Strandservice wurde neu aufgebaut. Gute Restaurants siedelten sich an. Das Nachtleben erhielt spürbar Pfiff. Constanţas Bürgermeister ließ das gesamte Areal grundlegend säubern und forcierte Großprojekte wie den Aqua-Magic-Park oder die Park- und Konzertanlage am Casino. Was zur Folge hat, dass die 20 000-Betten-Kapazität hier am Siutghiol-See nun jeden Sommer voll ausgeschöpft wird. Und auch die Besucher aus dem Westen sind wieder zu Stammgästen geworden. Für den Sommer 2004 ist eine weitere Attraktion geplant: eine Tele-Gondelbahn, die in 50 m Höhe vom Casino Mamaias bis zum Hotel Perla im Süden führen soll –– beste

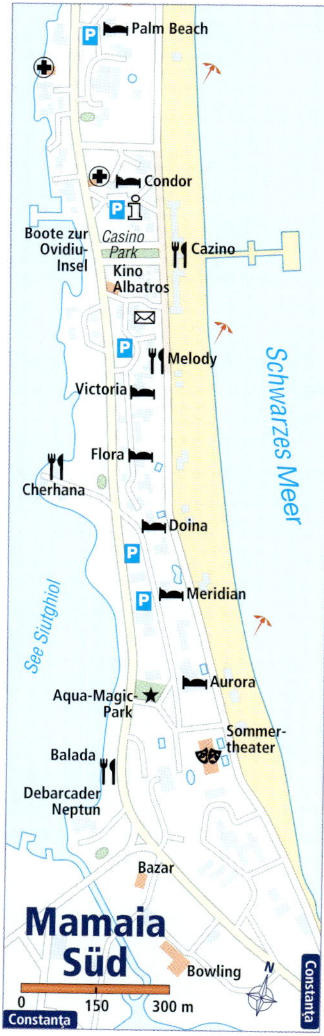

Sicht auf den gesamten Badeort und bis Constanţa garantiert.

Sehenswert

Süßwassersee Siutghiol: Er begrenzt die Landzunge Mamaia von der Landseite her in voller Länge und gibt zur atemlosen Geschäftigkeit an der Küste das Kontrastprogramm. Auf dem Siutghiol tuckern tags einige Touristenschiffe zur **Insel Ovidiu,** auf der laut Legende Römerdichter Ovid begraben liegt (mehrstündige Fahrten mit dem Ausflugsboot ›Ilfov‹, Anlegestelle in Höhe des Casinos, Reservierungstel: 02 41/83 10 83). Paddler, Tretbootfahrer und andere Wassersportler sind zu sehen. Auch ein paar Angler halten ihre Rute ins schilfige Wasser. Aber ansonsten liegt der See ruhig und ist besonders in den Abendstunden bei Sonnenuntergang ideal für Spaziergänge – hier entgeht man der pausenlosen Musikbeschallung am Strand.

Mamaias Dünen: Wenn am langen Strand in der Nähe der Hotels in der Saison von morgens bis abends jede Menge los ist, so ist dann doch im Norden des Badeorts jenseits der Campingplätze noch das Rauschen der Wellen unverfälscht zu hören. Man mache sich also ruhig einmal zu einer ausgedehnten Strandwanderung über die Hotelriesen hinaus auf.

Sport & Strände

Badespaß: Mamaia mit dem längsten und z. T. auch breitesten Sandstrand der rumänischen Badeorte ist ein Paradies für kleine und große Wasserratten. Flach ist das Küstengewässer, so dass man die Kleinen kräftig plantschen lassen kann. Und die Großen finden nach 20 weiteren Metern genau die richtige Wassertiefe für Ballspiele oder Wettschwimmen. Gerne wird auch zur nächsten Sandbank hinausgeschwommen. Im küstennahen Bereich warten aufblasbare Kletterberge darauf, im Wasser erklommen zu werden.

Highlight 8

Aqua-Magic-Park: im Süden von Mamaia nahe dem Hotel Dunărea.
Im Sommer 9–20 Uhr, Extra-Abendprogramm.
Rumäniens erster, im Sommer 2003 eröffneter großer Freizeitpark vereint auf einer Fläche von 27 000 m² diverse Attraktionen für bis zu 2500 Besucher: drei ›normale‹ Schwimmbecken für Groß und Klein, 50 m lange Abenteuerrutschen sowie bis zu 11 m hohe Tunnelbahnen. Das ›Schwarze Loch‹ etwa ist eine 87 m lange geschlossene Tunnelbahn, die in einer Höhe von 10 m startet. Die ›Kamikaze‹-Bahn, 50 m lang, endet abrupt mit einem 11-m-Sprung. Ein ruhiges Gewässer, auf dem Bötchen schwimmen, umkreist das ganze Areal, auf dem sich einige Restaurants, Bars, Geschäfte und Cafés angesiedelt haben. Das Aqua Magic ist derzeit der absolute Freizeithit an der rumänischen Küste, obwohl die Eintrittspreise für Einheimische hoch, für ausländische Touristen aber im Normalbereich sind. Das rumänische Regionalfernsehen ›Neptun‹ überträgt während der Saison abends gerne live Unterhaltungssendungen aus dem Freizeitpark.

Wassersport: Der **Pinguin Nautical Club** am Süßwassersee Siutghiol Höhe Hotel Riviera, Tel. 02 41/83 10 50, bietet ein reiches Angebot sowohl für den See als auch fürs Meer: Windsurfen, Wasserski, Segeln, Kajak, Paragliding. Weiterhelfen kann auch der **Scandinavian Club** beim gleichnamigen Hotel am Siutghiol, Tel. 02 41/60 70 00, Fax 60 77 01, info@clubscandinavia.ro,

Im Aqua Magic Park

www.clubscandinavia.ro (Windsurfen, Wasserski, Motorbootfahren, Angeln).

Bootfahren: Debarcader Neptun, am Südende des Siutghiol-Sees am Eingang von Mamaia: Bootsfahrer aller Klassen und Kategorien leihen sich hier das passende Equipment.

Fußball: Hotel Iaki, Tel. 0241/831025, Fax 831362, reception@iaki.ro, www.iaki.ro.

Am Hotel von Rumäniens Kicker-Idol Gheorghe Hagi werden auf extra Plätzen bis spät abends Fußballturniere ausgerichtet. Oft sind auch Sportstars der Vergangenheit und Gegenwart zu Gast. Interessenten melden sich an der Rezeption.

Auch das **Hotel Majestic** richtet Fußball-Turniere mit Damen- und Herren-Teams aus. Anmeldung: Tel. 02 41/83 19 81.

Beach-Volleyball: Regelrechte Turniere auch mit Mannschaften anderer Badeorte werden im Dreieck der Hotels Rex, Majestic und Riviera am breiten Strand veranstaltet. Anmeldung im Majestic: Tel. 02 41/83 19 81.

Volleyballspieler können natürlich auch an anderen Stellen des langen Strands an vielen Netzen trainieren.

Tennis: Trainingsplätze können an folgenden Orten gemietet werden: Hotel Iaki (Tel. 02 41/83 10 25), Debarcader Neptun (am Eingang Mamaias am Süßwassersee), im Tenis Club Sen (vor dem Hotel Flora, Tel. 02 41/83 12 25), im Scandinavia Club (Tel. 02 41/60 70 00), bei Hotel Dorna.

Minigolf: Große und kleine Golfer finden in der Nähe des Hotels Dorna eine Anlage.

Bowling, Billard, Darts: bietet der

Mamaia von oben

Das 14-stöckige Drei-Sterne-Hotel Riviera im Zentrum von Mamaia ist selbst zwar optisch nicht gerade eine Schönheit. Doch wer per Lift auf sein Dach fährt, kann von der Aussichtsplattform aus in alle Richtungen ein wunderbares Panorama genießen. Von hier aus werden die schönsten Mamaia-Fotos geschossen. Und hier kann man auch bis spät abends mit einem Glas Murfatlar-Wein über den Dächern des Badeorts anstoßen.

Sports Palace Club im Feriendorf Sat Vacanţa am Eingang von Mamaia, von Constanţa aus gesehen, Tel. 02 41/83 10 16.

Fahrradfahren: An einigen Stellen auf der Strandpromenade kann man stundenweise Fahrräder mieten, etwa bei den Hotels Majestic, Perla oder beim Casino. Die ganze Familie kann sogar auf ein stabiles Sondermodell steigen.

Bungee Jumping: In der Höhe des Hotels Albatros nahe dem örtlichen Casino hat in den Sommermonaten ein Kran geparkt, der Mutige zum Bungee Jumping in die Höhen Mamaias zieht. Alternativ steht der Anbieter im Aqua Magic Park bei Hotel Dunărea bereit.

Wellness-Angebote: Kurklinik ›Ana Aslan‹ innerhalb von Hotel Iaki, Tel. 02 41/83 10 25, Fax 83 11 69, reception@iaki.ro, www.iaki.ro.

Im Programm stehen Anti-Aging-Kurangebote nach den Behandlungsmethoden der rumänischen Altersforscherin und Medizinerin Ana Aslan.

Ausgehen

Cabaret und Nachtklub Melody: Reservierungstel. 02 41/83 10 56, Nachtklub 22–5 Uhr.

Im Zentrum Mamaias in der Nähe des Casinos ist das Melody seit Jahrzehnten eine der attraktivsten Adressen für Nachtschwärmer.

Club XXI: Innerhalb des Melody-Komplexes hat diese Club-Disco von 22 Uhr bis zum letzten Gast geöffnet.

Scandinavia Disco & Night Club: im Fünf-Sterne-Komplex Hotel Club Scandinavia im Norden Mamaias direkt am Siutghiol-See ist diese Edeldisco bis 5 Uhr morgens geöffnet. An dieser Stelle gab es früher den an der Schwarzmeerküste legendären Club Scandinavia.

Einkaufen

Modeläden: s. Tipp-Kasten S. 73

Lebensmittel: Wer selbst kocht, versorgt sich am besten und preiswertesten ganz im Norden Mamaias im Einkaufszentrum nahe des Hotels Caraiman am Busbahnhof des Badeorts. Hier gibt's einen Supermarkt.

Kunsthandwerk: In verschiedenen kleinen Ladenzeilen sind die typischen Mitbringsel aus Rumänien zu erstehen: etwa in der Nähe des Hotels Caraiman am Busbahnhof und bei den Hotels Majestic und Unirea.

Feste & Unterhaltung

Große **Live-Unterhaltungsshows** gibt es in Mamaia an zwei Orten: einmal innerhalb des Aqua-Magic-Freizeitparks im Süden nahe dem Hotel Dunărea, wo die Lokal-TV-Sender in den Sommermonaten gerne mit peppigem, aber natürlich rumänischsprachigem Programm, auf Sendung gehen. Oder die biederere Variante im Sommertheater (Teatru de Vara; ebenfalls im Süden des Orts beim Hotel Perla), wo sich die Stars der rumänischen U-Musik und Folklore in Abendshows ein Stelldichein geben.

Konzerte: Innerhalb der neu angelegten Parkanlage nahe dem Casino finden

jeden Abend auf einer Freilichtbühne Konzerte der verschiedensten Musikrichtungen statt. Clowns treten für die Kleinen auf. Rateshows erheitern die Großen. Und das alles in angenehmer Atmosphäre neben plätschernden Wasserspeiern und gepflegten Restaurants. Am Samstag- und Sonntagabend geht es richtig turbulent zu: *Tout* Constanţa scheint hier auf der Promenade zu sein.
Folklore-Shows: Die bietet heutzutage jedes bessere Restaurant in seinem Abendprogramm. Große Folklore-Shows sind wiederum im Sommertheater zu sehen (s. o.)
Kino: Im Freilichtkino Cinema Albatros an der Hauptstraße Mamaias in Höhe des Casinos laufen jeden Abend auch international bekannte Streifen. Die sind dann aber, wie im Land üblich, nicht synchronisiert, sondern nur mit rumänischen Untertiteln versehen.

Agenţia de turism S. C. Mamaia: gegenüber Hotel Condor, Tel./Fax 02 41/83 15 17, agentia_mamaia@yahoo.com, www.sc-mamaia-sa.ro.
Hier wird dem Besucher in allen touristischen Fragen weitergeholfen, häufig auch in deutscher Sprache.

Hotels Jupiter/Junona: im Norden Mamaias, Tel. 02 41/83 16 36, Fax 83 17 97, DZ/Person und Woche ab 119 €.
Die beiden besonders bei deutscher und skandinavischer Kundschaft beliebten Zwei-Sterne-Hotels verfügen über eine solide Servicequalität und ein Restaurant mit ausgezeichneter Küche. Zum Strand sind es hier wirklich nur vier, fünf Meter über einen Gehweg. Eine Tennisanlage und ein Minigolf-Areal sind nah. Beide Hotels kann man von Deutschland aus auch pauschal buchen.

Hotel Riviera: im Mittelteil Mamaias direkt am Strand,
Tel. 02 41/8 312 30, Fax 83 14 84, DZ/Person und Woche ab 119 €.
Eine solide Drei-Sterne-Qualität zeichnet das 14-stöckige Riviera in Nachbarschaft des Rex und des Iaki aus. Die Zimmer und der Swimmingpool sind 2003 komplett renoviert worden. Eine internationale Stammkundschaft geht ein und aus. Seit Jahren sind besonders viele Deutsche darunter. Auch die Qualität des hoteleigenen Restaurants hat sich 2003 stark verbessert. Man ist zudem auf Buffet-Wahl umgestiegen. Das Riviera ist von Deutschland aus auch pauschal buchbar.
Hotel Iaki: im Mittelteil Mamaias direkt am Strand, Tel. 02 41/83 10 25, Fax 83 11 69, reception@iaki.ro, www.iaki.ro, DZ/Person ab 90 € (bei Buchung vor Ort).
Das Iaki ist ein aus dem altehrwürdigen Hotel Bucureşti entstandenes großzügiges, aber auch teures Vier-Sterne-Hotel mit Restaurants, vielfältigen Sport- und Kurangeboten, mit Konferenzräumen und Nachtklub. Der Besitzer ist Rumäniens Fußballstar Gheorghe Hagi. Das Iaki gilt als auch internationaler Treffpunkt der Sportlerprominenz. Es

Einkaufsbummel am Casino

Einen Einkaufsbummel kann man im Bereich des Casinos von Mamaia starten. Hier haben jede Menge Modeshops ihre Pforten geöffnet. Musikläden offerieren die neusten internationalen Hits. Souvenirs, Postkarten und Bücher können gekauft werden. Und auch Lebensmittel für Selbstversorger sind hier zu erstehen.

Mamaia von oben

kann von Deutschland aus auch pauschal gebucht werden.

Hotel Rex: im Mittelteil Mamaias direkt am Strand, Tel. 02 41/83 15 95, Fax 83 16 90, DZ/Person ab 90 € (bei Buchung vor Ort).

Über Jahrzehnte war das 1936 erbaute ehemalige Hotel International schon der Inbegriff der noblen Gastronomie in Mamaia. Nun unter dem neuen Namen Rex glänzt das auch architektonische Schmuckstück nach einer Totalrenovierung im Jahr 2000 in neuer Pracht. Das wird mit Vier-Sterne-Qualität bewertet und kostet eine gute Stange Geld. Das Rex kann von Deutschland aus auch pauschal gebucht werden.

Club Scandinavia Hotel: im Norden Mamaias am Siutghiol-See, Tel. 02 41/60 70 00, Fax 60 70 01, info@clubscandinavia.ro, www.clubscandinavia.ro, DZ/Person ab 90 € (bei Buchung vor Ort).

Mit dem neuen Luxus-Hotel Mamaia, in dessen Edelsuiten eher die Geschäftsleute absteigen, und dem Palm Beach ist der Club das dritte Fünf-Sterne-Hotel im Seebad. Man baut auf einer traditionell skandinavischen Gästeschaft auf, zu der seit 2003 auch deutsche Pauschalgäste gestoßen sind. Besonders die vielen sportlichen Angebote und die Clubatmosphäre charakterisieren das Haus.

Camping Mamaia bzw. Camping Turist: Tel. 02 41/83 15 34.

Ganz im Norden des Badeorts schließt sich an die Kette der Hotels ein Areal an, wo man sein Zelt stellen oder ein Miethäuschen beziehen kann. Die Ruhe vor dem Unterhaltungslärm Mamaias ist einem sicher. Die Güte der sanitären Anlagen ist jedoch nicht jedermanns Sache.

Restaurant auf der Ovidiu-Insel: im Süßwassersee Siutghiol, Reservierungstel. 02 41/25 24 94, Fax 69 78 16, isabela_casian@yahoo.com, ganztägig bis abends spät geöffnet.

Von der Anlegestelle in der Nähe des Casinos ist die Insel in 25 Minuten mit dem Schiff ›Ilfov‹ erreichbar (s. S. 70). Besonders Fischspezialitäten sollte man hier bestellen (15 €/Person für Menü und Getränk). Es besteht auch eine Unterkunftsmöglichkeit.

Restaurant Balada: am Süßwassersee Siutghiol, Reservierungstel. 02 41/83 10 83, geöffnet 9–1 Uhr.

Das günstige Schiffsrestaurant steht fest am Süßwassersee Siutghiol und offeriert rumänische Küche (15 €/Person für Menü und Getränk).

Restaurants Chinese Garden:
im Aqua-Magic-Park, und auch am Casino von Mamaia, Reservierungstel. 07 44/75 57 81, geöffnet 9–18 Uhr (Aqua Park) und 12–2 Uhr (Casino). Der chinesische Restaurantchef garantiert an beiden neuen Standorten echt asiatische Küche (18 €/Person für Menü und Getränk).

Restaurant Cherhana: im Süden des Siutghiol-Sees, Reservierungstel. 02 41/83 17 99, geöffnet 10–1 Uhr. Das Restaurant ist bekannt für seine typisch rumänischen Fischgerichte (20 €/Person für Menü und Getränk).

Pizzeria La Fattoria:
in der Mitte Mamaias beim Hotel Majestic, Reservierungstel. 02 41/83 10 10, ab 9 Uhr geöffnet
Der, wie man sagt, beste ›Italiener‹ von Mamaia. In Strandnähe sitzt man in geschmackvoll eingerichtetem Ambiente oder draußen an der Promenade (25 €/Person für Menü und Getränk).

Mamaia ist vom Flughafen Mihai Kogălniceanu sowie von Constanţa aus schnell mit dem **(Tou-**

risten)bus oder per **Maxi-Taxi** zu erreichen.

Ziele in der Umgebung

Von allen Badeorten werden Busausflüge angeboten. Ausflugsziele s. Eforie Nord (S. 62).

Mangalia (F 8)

Sie ist die südöstlichste Küstenstadt Rumäniens und gleichzeitig der Endpunkt der vielbefahrenen Schnellzugstrecke von Bukarest über Constanţa zu den Badeorten: die 44 000-Einwohner-Stadt Mangalia, der man administrativ auch die Ferienziele Saturn, Venus, Cap Aurora, Jupiter, Neptun und Olimp zurechnet. Im 6. Jh. v. Chr. wurde Mangalia von griechischen Kolonisten als Handelshafen Callatis, das heißt ›die Schöne‹, gegründet und im Laufe der Jahrhunderte von Römern, Byzantinern, Genuesern und Türken auch durch wirtschaftlich blühende Zeiten geführt. Wobei von dieser Schönheit heute inmitten all der schmucklosen Wohnblocks der 1970er Jahre kaum noch etwas übrig geblieben zu sein scheint.

Vom alten Mangalia ist wenig zu finden: gerade mal die Reste der antiken Burg, die römisch-byzantinischen Friedhöfe, die älteste Moschee der Dobrudscha und einige kleine idyllische Straßenzüge im Randbereich der Stadt. Neue Akzente hat aber dank eines breiten Sandstrands und der Thermalquellen der Tourismus gesetzt. Rund um das Paradehotel President können 1400 Betten belegt werden. Und in den Heilzentren lassen sich übers ganze Jahr Kurgäste aus dem In- und Ausland blicken. Sie profitieren zudem vom pulsierenden Leben einer Schwarzmeer-Hafenstadt, wo auch viele Kreuzfahrtschiffe anlegen.

Sehenswert

Burg Callatis: Die antike Burg ›Cetatea antica Callatis‹ in Meernähe südlich des Hotelkomplexes Mangalia ist noch in Ruinen aus dem 7. Jh. v. Chr. zu besichtigen, aus der Zeit also, als griechische Seefahrer hier am Schwarzen Meer Handelszentren bauten.

Museum für Archäologie ›Callatis‹: s. Tipp-Kasten S. 77

Seehafen: Mangalia besitzt nach Constanţa den zweitgrößten Seehafen Rumäniens am Schwarzen Meer. Am Eingang erkundige man sich nach Besichtigungsmöglichkeiten.

Highlight 9

Moschee Esmahan Sultan mit byzantinischem Friedhof:

Str. Oituz 1 (nahe Hotel President), tgl. 10–17 Uhr, www.islamulazi.ro. Gebaut wurde diese älteste Moschee Rumäniens im 16. Jh., als noch die Osmanen die Dobrudscha besetzt hielten, für die Tochter des damaligen Sultans Selim II. Im Inneren sind wertvolle Teppiche, mit Stickereien und Perlen verzierte Stammbäume und goldeingefasste Moscheenbilder neueren Datums zu sehen. Historisch und visuell ohne Zweifel interessanter gestaltet sich ein Gang über den ehemaligen Friedhof rund um die Moschee, wo zwischen wildem Pflanzenwuchs Turban-geschmückte Gräber mit arabischen Schriftzeichen an die damaligen Eroberer erinnern. Die Anlage wartet auf eine Instandsetzung durch Kunsthistoriker: Pittoreske Grabteile und Sarkophage sind z. T. bunt übereinander geschichtet (s. Tour 3, S. 112).

Sport & Strände

Baden und Wassersport: Mangalias Stadtstrand zwischen den Hotels President und Mangalia ist feinsandig und breit, aber natürlich besonders an den Wochenenden auch stark bevölkert. Hier können auch jede Menge Wassersportangebote genutzt werden.

Tennis: Eine große Anlage ist beim Hotel Mangalia zu nutzen, Tel. 02 41/75 58 61.

Reiten: auf dem Gestüt Mangalia, Tel. 02 41/75 13 25, April–Sept. tgl. 8–12 und 15–18 Uhr.

Es werden nun schon im siebten Jahr Reitlernkurse angeboten. Zur Verfügung stehen in der Saison 80 ausgesuchte Rassepferde. Sie traten schon in Filmen auf.

Wellness-Angebote:

Kur-Behandlungszentrum Mangalia, im Hotel Mangalia, Tel. 02 41/75 20 52.

Innerhalb des Hotelkomplexes am nördlichen Strandteil werden Schlamm- und Paraffinbehandlungen sowie Schlammmassagen, Pflanzenbäder und Hydrotherapie geboten. Auch Westtouristen sind Stammgäste.

Balnearisches Sanatorium Mangalia, in der Nähe des Hotel President, Tel. 02 41/75 13 37.

Rheumatischen, gynäkologischen und Hautkrankheiten wird in diesem international bekannten Kurkomplex vorgebeugt. Es gibt auch Anlagen für Aerosolinhalation, eine Sauna und Räume für medizinische Gymnastik.

Ausgehen

Captain Mondy's Irish Pub: Blvd. 1. Decembrie 1918, geöffnet ganzjährig bis spät abends.

Der Pub wirbt mit der größten Bierauswahl der ganzen Stadt sowie internationaler wie irischer Küche. Kreditkarten werden akzeptiert.

Disco Galaxy: Trenddiskothek in Mangalia vis-à-vis der Esmahan Sultan-Moschee.

Feste & Unterhaltung

Festival Callatis: Anfang Aug. am Touristenhafen von Mangalia, s. Tipp-Kasten S. 79

Cinema Pescăruş: Şos. Constanţei. Das ›Fischer‹ ist ein Kinokomplex, wo man auch die internationalen Filmhits im Original mit rumänischen Untertiteln sehen kann.

Agenţia de turism Mangalia: Str. Rozelor 35, 8727 Mangalia, Tel. 02 41/75 20 52, Fax 63 26 50, mangalia.turism@radiotel.ro.

Die Agentur offeriert Angebote in den Badeorten und Kureinrichtungen, im Donaudelta und in den Karpaten.

Antrec – Büro für ländlichen, ökologischen und kulturellen Tourismus: Str. George Murnu 13, Bloc D, Ap. 21, 8727 Mangalia, Tel./Fax 02 41/75 94 73, constanta@antrec.ro, www.antrec.ro

›Callatis‹ – Museum für Archäologie

Vor Ort in der antiken Festung Callatis gefundene Säulen, Skulpturen, Amphoren und andere Keramikgegenstände sowie Werkzeug und Schmuck, all das spiegelt im Inneren und im Außenbereich des Museums für Archäologie die spannende Entwicklungsgeschichte eines antiken griechischen Handelshafens auf dakischem Gebiet, der zur Zeitenwende für Jahrhunderte an die Römer fiel (Şoseaua Constanţei 23, in der Saison tgl. 8–20 Uhr, ansonsten 8–18 Uhr).

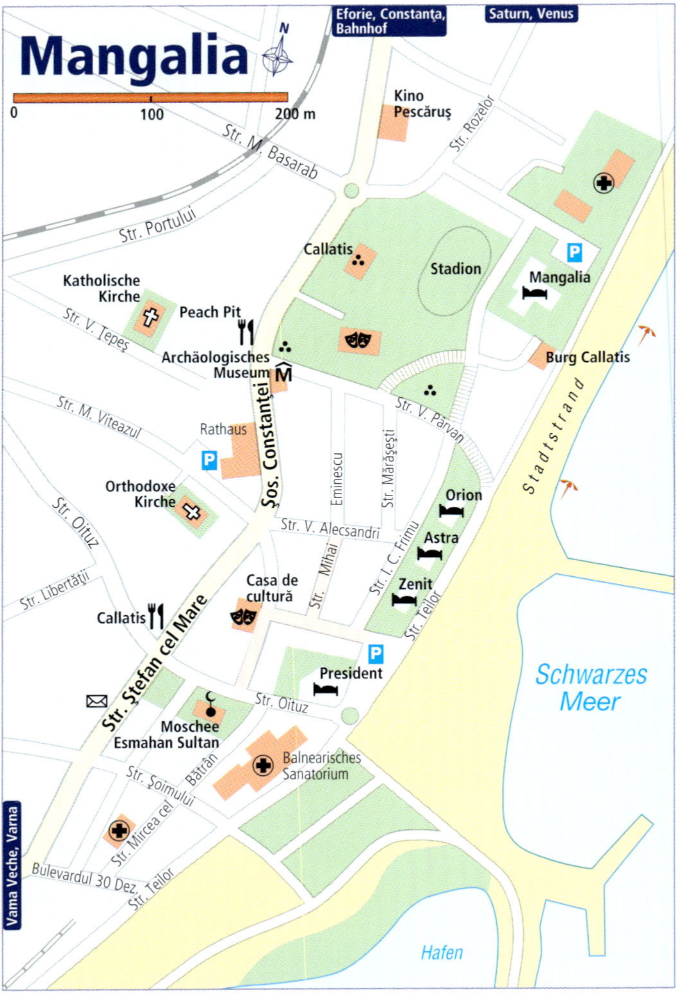

Das Büro vermittelt Privatunterkünfte und spezielle Ausflüge.

Hotel Astra: Str. Teilor 9, Tel./Fax 02 41/75 16 73, DZ/Person und Woche ab 89 €.
Das Astra direkt am Mittelteil des Strands bildet mit den Schwesterhäusern **Orion** und **Zenit** das Kleeblatt der traditionellen Zwei-Sterne-Hotels von Mangalia. 50 einfach ausgestattete Zwei-Bett-Zimmer mit Kabel-TV warten in einem modernen Block mit Meerblick auf Gäste.

Hotel Mangalia: Str. Matei Basarab 3, Tel. 02 41/75 20 52, Fax 75 35 10, mangalia.turism@radiotel.ro, DZ/Person und Woche ab 139 €.

Das gepflegte Drei-Sterne-Kurhotel mit gutem Restaurant direkt am Strand hat den Vorteil, sowohl Badegäste als auch Kurtouristen bedienen zu können. Die gleichnamige Kurklinik ist direkt angeschlossen und behandelt mit Sapropelschlamm und schwefelhaltigem Mineralwasser. Das preislich günstige Mangalia ist von Deutschland aus auch pauschal zu buchen.

Hotel President: Str. Teilor 6, Tel./Fax 02 41/75 58 61, office@hpresident.com, www.hpresident.com, DZ/Person und Woche ab 179 €.
Auch dieses Vier-Sterne-Hotel direkt am südlichen Strandteil Mangalias wird inzwischen privat geführt. Es ist Teil des Black Sea Business Centre, das in Räumlichkeiten rund um antike Funde aus Callatis internationale Konferenzen veranstaltet. Das President kann von Deutschland aus auch pauschal gebucht werden.

Restaurant Callatis: Str. Ştefan cel Mare 16, Tel. 02 41/75 17 56.
Das Restaurant nahe der alten Moschee offeriert internationale und rumänische Küche (15 €/Person für Menü und Getränk).

Fast Food Dreams: Şos. Constanţei.
Das günstige Fast-Food-Restaurant ist der derzeitige Hit unter Mangalias Jugend.

Patiserie cofetărie Peach Pit: Şos. Constanţei 28, Tel. 02 41/75 59 79.
Hier gibt's das ganze Sortiment salziger Häppchen und süßer Törtchen, das die Dobrudscha bereithält.

Bahn: Mangalia nahe der Grenze zu Bulgarien ist die Endstation der Schnellzugstrecke Bukarest–Constanţa–Mangalia.

Festival Callatis

Der im Sommer größte Event an der rumänischen Schwarzmeerküste ist das Festival Callatis am Touristenhafen von Mangalia, bei dem jeweils Anfang August großformatige Unterhaltungsshows unter freiem Himmel über die Bühne gehen. Folklore, aber auch Europas Tophits und Miss-Wahlen stehen auf dem Programm. Auch die rumänischen Fernsehsender sind dabei.

Schiff: Im Hafen legen Schwarzmeer-Kreuzfahrtschiffe an.

Ziele in der Umgebung

Busausflüge s. Eforie Nord, S. 62.
Limanu: s. 2 Mai, S. 58.

Medgidia (E 6)

Der Eisenbahn- und Straßenverkehrsknotenpunkt zwischen Bukarest und Constanţa galt schon im Mittelalter als wichtiger Marktflecken. Da ihn unter osmanischer Besatzung nach einer Zerstörung ein Sultan Abdul-Medjid wieder aufbauen ließ, bekam er einst den türkischen Namen verpasst. Durch den Bau des Donau-Schwarzmeer-Kanals vergrößerte sich Medgidias aktuelle Bedeutung als Transithafen. Was aber nicht heißt, dass sich der Tourist länger als auf einen Zwischenstopp in der heute eher tristen Industriestadt (48 000 Einwohner) aufhalten sollte.

Sehenswert

Kunstmuseum Medgidia: Str. Trandafirilor 2, Mi–So 9–17 Uhr.
Das Museum zeigt eine interessante Werksammlung von Künstlern, die sich

in Vergangenheit und Gegenwart von der Dobrudscha-Landschaft inspirieren ließen. Der in Medgidia geborene Lucian Grigorescu ist dabei, ebenso Nicolae Tonitza und Ştefan Dimitrescu.

Agenţia de voiaj Medgidia: Str. Republicii, Tel. 02 41/81 43 80.
Das Reisebüro berät in allen Fragen, die vor Ort auftauchen.

Hotel Sport: Str. Podgorilor 1, Tel. 02 41/81 16 42, DZ/Person und Woche 20 €.
Einfachste und sehr preiswerte Unterkunft für Anspruchslose auf Zwischenstopp.

Bahn: Medgidia ist Zugstation auf der Strecke Bukarest–Constanţa.
Schiff: Schiffshaltestelle am Donau-Schwarzmeer-Kanal im Abschnitt zwischen Cernavoda und Agigea.

Mila 23 (G 2)

An der Fischabnahmestelle Mila 23, also Meile 23, an der Alten Donau nördlich des Donauarms Sulina trocknen tagsüber die Holzboote und Netze der Dorffischer. Die Männer selbst sind dann an der Dorfbar zu finden, wo sie bis zur nächsten Ausfahrt bei Bier und Brettspielen ausspannen. Grünblau schimmert inmitten des Örtchens die neue Holzkirche im Sonnenlicht. Rundherum schmiegen sich die typisch weißen Deltahäuschen aneinander. In den Gemüsegärtchen hacken die Frauen um die Wette, während sich die Kinder gerne neugierig dem Touristen auf Dorfrundgang anschließen. Rotblond sind sie meist und hellhäutig, als Lipovener Nachkommen der einst aus Russland eingewanderten strenggläubig orthodoxen Volksgruppe. Mila 23 also: ein Örtchen, in dem man als stressgeplagter Großstädter für ein paar Tage die Zeit vergessen kann.

Sport

Angler sind hier richtig und können direkt an der Mole nach ortskundigen Führern fragen.
Bootsausflüge: Das herrliche Gebiet der Alten Donau lockt auf der Fahrt mit Ausflugsschiff oder Mietboot mit vielen neuen Eindrücken.

Pensiune Casa de Vacanţa Grig: Tel. 02 40/51 74 76, DZ/Person und Woche 20 €.
Das ›Ferienhaus Grig‹ ist eine einfache Pension.
Camping: Zwischen dem Kanal Eracle und dem Kanal Olguţa können sich bei Mila 23 auch Camper niederlassen.

Schiff: Mila 23 erreicht man nur auf dem Wasserweg vom Donauhafen Tulcea aus auf dem mittleren Donauarm Sulina, von dem man bei Crişan in die Alte Donau (Dunărea Veche) abbiegt.

Murighiol (G 2)

Ein beliebtes Eintrittstor in die Windungen des Donaudeltas ist, vom südlichsten Donauarm aus, der Ort Murighiol. Er liegt von Tulcea aus Richtung Südosten 42 km per Straße und 53 km auf dem Fluss entfernt. Der Name stammt aus dem Türkischen und bedeutet ›lila See‹. Und beinahe lila scheint hier das Wasser des naheliegenden Sees auch zu glänzen, wenn über dem Delta die Sonne untergeht. Direkt am Wasser ist ein kleines Feriendorf aus Miethäuschen mit Essensmöglichkeiten entstanden. Einheimische nehmen den Gast vom Ort aus gerne in Ruderbooten mit ins Deltaschilf. Eine Vielzahl sich ineinander verflechtender Pflanzen bildet bald unübersehbare schwimmende Vegetationsinseln. Durch die hindurch findet man nur mit Hilfe des ortskundigen Bootsführers den Weg zu Pelikanen und Stelzenläufern – und vor allem wieder den Weg zurück nach Murighiol.

Sport

Angeln, Rudern: Ein Ruderbootverleih versorgt die Sportlichen mit dem nötigen Equipment. Angelausrüstungen werden ebenfalls gestellt, und Einheimische führen die Petrijünger stunden- oder tageweise zu guten Fangstellen. Kleinere **Delta-Rundfahrten** sind ebenfalls direkt vor Ort zu buchen, wenn man sich nicht schon in den zentralen Stellen am Hafen von Tulcea umgetan hatte.

Fahrradfahren: Ein Fahrradverleih versorgt mit Drahteseln. Denn in südlicher Richtung gibt es festes Land und steigungsarme Wege.

Motel Plaur: DZ/Person und Woche ca. 20 €. Das Motel ist ein einfaches Haus mit 17 Zimmern und besitzt ein sehr preiswertes Restaurant.

Camping Pelican: Tel. 02 40/51 63 86, pro Woche und Häuschen 15 €. Südlich des Murighiol-Sees stehen 170 Betten in sehr einfachen kleinen Häusern mit zwei und drei Plätzen zur Verfügung. Die gemeinsamen sanitären Einrichtungen sind, nach westeuropäischer Bewertungsskala, unbedingt einer Erneuerung bedürftig. Das sehr preiswerte Restaurant erfüllt einfache Ansprüche. Der Anlage sind drei Bars, ein Schwimmbecken und Spielangebote angeschlossen.

Vogelparadies Saraturi-See

Extra-Führungen zeigen dem Naturfreund von Murighiol aus etwa in einer Halbtagestour die Schönheit des Vogelparadieses am nahen **Saraturi-See.** Auf einem dafür errichteten Turm können die unterschiedlichsten Vögel beobachtet werden, darunter verschiedene Entenarten und andere Wasservögel (informationen im Motel oder am Campingplatz).

Schiff: Nach Murighiol gelangt man von Tulcea aus auf dem südlichen Sfântu-Gheorghe-Donauarm
Bus: Linienbus von Tulcea aus.
Pkw: Anfahrt auf der Landstraße.

Năvodari (F 6)

Nur ein paar Kilometer nördlich vom Badeort Mamaia schließt sich im Gebiet des nördlichen Mündungsarms des Donau-Schwarzmeer-Kanals das 34 000-Einwohner Städtchen Năvodari an. Jeder, der in Richtung Histria und Donaudelta unterwegs ist, durchfährt es. Ältere Straßenzüge mit den für die Dobrudscha so typischen weißgekalkten Häusern, die von Weinreben umrankt werden, fallen ins Auge. Aber leider auch die vielen erschreckend hässlichen Blocks, die die ursprüngliche Bebauung noch im letzten Jahrzehnt des Kommunismus ersetzten. Am Stadtrand haben jedoch eine ganze Reihe von Privatbesitzern hübsche und komfortable neue Eigenheime errichtet. Von der Spitze der

Nehrung zwischen Siutghiol-See und Meer bei Mamaia aus kann man übrigens schon die Schornsteine der Petrochemieanlage von Năvodari sehen. Doch direkt vor Ort entdeckt zumindest der Tourist mit Freude, dass die Anlage nur noch zum geringsten Teil in Funktion ist. Das Areal ähnelt eher einer Geisterstadt.

Sport & Strände

Für Badefreunde hat Năvodari einen respektablen Strand, der während der Schulferien über viele Jahre besonders von rumänischen Kinder- und Jugendgruppen genutzt wurde.

Hotel Delfin: Tel. 02 41/76 89 91, Fax 76 89 90, DZ/Person und Woche 59 €.
Da das langjährige Kindererholungsheim ›Tabară de Copii‹ derzeit noch völlig unakzeptable Räumlichkeiten bietet, ist das Zwei-Sterne-Hotel Delfin die einzige vorzeigbare Unterkunft in Năvodari.

Bus: Eine Linie der innerstädtischen Busse von Constanţa fährt

vom Hauptbahnhof über Mamaia bis nach Năvodari.

Highlight 10

Neptun (F 7)

Nach Mamaia ist das zwischen Olimp und Jupiter gelegene Neptun momentan der rumänische Ferienort, in dem die deutschen Reiseveranstalter die besten Ressourcen für einen qualitativ guten Badeurlaub geortet haben. Dabei verteilt sich die Klientel auf zwei Gruppen: Es reisen einmal viele Familien mit Kindern in den Ort zwischen den Neptunseen und dem Comorova-Wald, schon des langen und relativ breiten Sandstrands und seiner Wassersportmöglichkeiten wegen. Und dann ist eine internationale Kurgästeschaft auf Neptun abonniert, da sie sich im balneologischen Komplex Doina mit seinen diversen Behandlungsmethoden bestens versorgt sieht. Außerdem steht Neptun, das administrativ zur Stadt Mangalia gehört, in Sachen Unterhaltungsmöglichkeiten Mamaia in vielem nicht mehr nach.

Sport & Strände

Baden und Strandsport: Am Strand und am Süßwassersee sind reichlich Angebote zu finden:
Es gibt Wasserski, Jetski, Surfbretter, Segelboote, Bananas und Pedalos. Beachvolleyball wird gespielt, Mountainbikes werden vermietet. Fallschirmsegler bekommen ihre Chance.
Minigolf und Tennis: Große Anlagen findet man im Areal zwischen Hotel Doina und dem nördlichen der beiden Neptun-Seen.
Bowling, Tischtennis, Billard: Man wende sich an Bowling Neptun im Ortssüden: Tel. 02 41/70 17 20.
Wellness-Angebote: Doina Kurzentrum, im Hotel Doina, Tel. 02 41/70 10 12.
Das Kurzentrum arbeitet mit Schlammbehandlungen, Hydrotherapie, mit Massage und speziellen Bewegungsangeboten im Meerwasser-Schwimmbad. Chronischem Rheumatismus wird ebenso zu Leibe gerückt wie der Arthrose, gynäkologischen und Leiden des

An ›Rumäniens Côte d'Azur‹

peripheren Nervensystems. Dazu gibt's Diätkuren und Schönheitsbehandlungen nach den Ana-Aslan-Methoden.

Ausgehen

Bazin Club: Der beliebte Club liegt ganz im Norden Neptuns in Sichtweite des Nachbarorts Olimp in Strandnähe.

Why Not: Die Kombination aus Club und Diskothek ist von 22 bis 5 Uhr geöffnet.

Kino: Das Freilichtkino ›Cinema‹ Neptuns auf der Fläche zwischen den beiden Süßwasserseen zeigt abendlich auch internationale Produktionen im Originalton mit rumänischen Untertiteln.

Kinder

Vergnügungspark Prichindel: Auf dieser Kirmes im Süden des Orts kommen besonders die kleinen Gäste auf ihre Kosten.

Hotel Mioriţa: Tel. 02 41/70 10 13, Fax 70 11 13, DZ/Person und Woche ab 89 €.
Das Zwei-Sterne-Hotel Mioriţa im Norden Neptuns etwa 350 m vom Strand entfernt gilt als typisches Familienhotel mit gemütlicher Atmosphäre. Das Restaurant serviert Gutes. Das Mioriţa kann man von Deutschland aus auch pauschal buchen.

Hotel Albert: Str.Trandafirilor, Tel. 02 41/73 15 14, Fax 73 11 30, office@hotelalbert-neptun.ro, www.hotelalbert-neptun.ro, DZ/Person und Woche ab 99 €.
Der Drei-Sterne-Komplex Albert in der, von der Küste aus gesehen, zweiten Hotelphalanx besitzt 55 Doppelzimmer und sieben Appartements sowie ein Restaurant mit Terrasse. Viele Gäste nutzen das Kurangebot in der Klinik Doina.

Hotel Doina: Tel. 02 41/70 10 12, Fax 70 11 12, DZ/Person und Woche ab 99 €.
Das Doina ist das auch international bekannte Kurhotel des Ferienorts, in dessen direkt angeschlossener Klinik mit Meerwasser-Hallenbad ein komplettes Heilprogramm durchlaufen werden kann. Das Hotel selbst wird mit Drei-Sterne-Qualität bewertet und ist für deutsche Touristen auch pauschal buchbar.

Hotel Neptun: Tel. 02 41/70 10 11, Fax 70 11 11, DZ/Person und Woche ab 139 €.
Vom ruhig am gleichnamigen See gelegenen Neptun aus führt ein 300 m langer Gehweg durchs Grüne zum Strand des Badeorts. Das Kurhotel Doina ist ebenfalls nur 300 m entfernt. Das auch von Deutschland aus pauschal buchbare Drei-Sterne-Haus Neptun ist als kinderfreundlich bekannt und bietet zudem ein eigenes Meerwasser-Hallenbad an.

Camping/Feriendorf Neptun: Tel. 02 41/73 12 20.
Am Neptun-See etwa 200 m vom Strand stehen knapp 300 Zeltplätze und 289 Betten in sehr einfachen Bungalows, in Stein- und Holzhäusern, zur Verfügung. Das günstige Restaurant Rustic kocht rumänische Küche.

Calul Bălan: Reservierungs-Tel. 02 41/73 15 24, geöffnet bis 2 Uhr morgens.
Das ›Weiße Pferd‹ ganz am Südende Neptuns in Strandnähe offeriert traditionelle rumänische Speisen (15 €/Person für Menü und Getränk). Abends starten Folklore-Vergnügungsshows.

Restaurant Ambasador: Tel. 02 41/73 11 26, geöffnet 10–1 Uhr.
Im Ambasador im Norden Neptuns in Sichtweite des Nachbarorts Olimp gibt es gute rumänische und internationale

Küche (15 €/Person für Menü und Getränk), dazu abends Live-Musik.
Restaurant Insula: direkt am Neptun-See, geöffnet 9–2 Uhr.
Mit Seeblick isst man hier rumänische Fischgerichte (18 €/Person für Menü und Getränk). Kreditkarten werden akzeptiert.
Crama Murfatlar: Reservierungstel. 02 41/73 19 12.
Ein Restaurant mit heimeliger Atmosphäre und deftiger rumänischer Küche (18 €/Person für Menü und Getränk). Man sitzt gemütlich zwischen Weinfässern und trinkt entsprechend manchen guten Tropfen vom nahen Weingut Murfatlar.

Bahn: Neptun liegt an der Schnellzugstrecke Bukarest–Constanţa–Mangalia.

Ziele in der Umgebung

Von allen Badeorten werden Busausflüge angeboten. Ausflugsziele s. Eforie Nord, S. 62.

Olimp (F 7)

Die Rumänen nennen den kleinen Retortenbadeort Olimp – er gehört administrativ zu Mangalia – bisweilen ihre ›Cote d'Azur am Schwarzen Meer‹. Doch in dem erst 1972 erbauten Ferienziel zwischen Costineşti und Neptun ist eigentlich bislang nur das wie ein Amphitheater angelegte Hotelensemble Panoramic, Amfiteatru und Belvedere auch international vorzeigbar. Um kleine Badebuchten gruppieren sich, hoch auf Felsen gelegen, alle Hotels in Olimp. Dazwischen und im Hinterland lockt viel Grün zu Spaziergängen. Und wem es langweilig wird, der hat ja den nächsten und lebendigeren Badeort Neptun fast vor der Haustür.

Sport & Strände

Baden und Wassersport: In den den Hotels vorgelagerten Buchten Olimps kann wunderbar gebadet werden. Vielfältige Wassersportangebote offerieren vor allem die Hotels Panoramic, Amfiteatru und Belvedere.
Minigolf: Eine Minigolfanlage wartet im Norden zwischen den Hotels Moldova und Crişana auf große und kleine Nutzer. Eine zweite liegt ganz im Süden Olimps neben Hotel Arad.
Tennis: Eine Tennisanlage findet man ganz im Süden von Olimp neben dem Hotel Arad.
Bowling: Hinter dem großen Dreier-

Drei-Hotel-Komplex in Olimp

Mit den Hotelschwestern **Amfiteatru** und **Belvedere** bildet das **Panoramic** oberhalb zweier separater Badebuchten das auffälligste architektonische Ensemble des Ferienorts Olimp: einem Amphitheater vergleichbar. Drei-Sterne-Qualität zeichnet alle Drei aus. Ihre Preise sind moderat, und sie verfügen über insgesamt 800 gut ausgestattete Zimmer, über Bars, Restaurants, Minishops und einen riesigen Swimmingpool direkt am Strand. Alle drei Hotels sind von Deutschland aus auch pauschal buchbar (Panoramic: Tel. 02 41/70 10 33, Fax 70 11 33; Amfiteatru: Tel. 02 41/70 10 32, Fax 70 11 32; und Belvedere: Tel. 02 41/70 10 34, Fax 70 11 34, DZ/Person und Woche jeweils ab 129 €).

Ländliche Idylle im Delta: Periprava

Hotelkomplex liegt das Bowling-Center ›Olimp‹. Außerdem kann man auch bei ›Bowling Casino‹ neben dem Hotel Craiova alle Neune treffen.

Ausgehen

Discoteca Paparazzi: Vor den Hotels des nördlichen Olimp ist das Paparazzi direkt am Strand von Olimp der Abendtreff für die Tanzwilligen.
Discoteca Pui de Urs: Im ›Bärenjungen‹ direkt neben dem Hotel Banat geht ebenfalls im Norden von Olimp abends die Post ab.

Hotel Cocor: Tel. 02 41/ 70 10 42, Fax 70 11 42, DZ/Person und Woche ab 149 €.
Etwa 75 m sind es zum Strand von dem komplett renovierten guten Drei-Sterne-Hotel im südlichen Teil von Olimp, das einmal ›Galaţi‹ hieß. Das dreistöckige Haus in einer Gartenanlage ist auch von Deutschland aus buchbar.

Restaurant Belvedere: Tel. 02 41/70 19 34, geöffnet 19 Uhr bis zum letzten Kunden.
Zu erwarten ist gute rumänische und internationale Küche (15 €) sowie regelmäßig abends Vergnügungsprogramm.

Bahn: Olimp liegt mit der Station Mangalia (12 km) an der Schnellzugstrecke Bukarest–Constanţa–Mangalia.

Ziele in der Umgebung

Von allen Badeorten werden Busausflüge angeboten. Ausflugsziele s. Eforie Nord, S. 62.

Periprava (H 1)

Diese einsame Ortschaft ganz im Nordosten des rumänischen Donaudelta-Teils liegt gänzlich im Windschatten des Weltgeschehens. Auf dem nördlichsten Donauarm Chilia sind es zwar nur sechs Schiffsstunden oder 100 km zum Donauhafen Tulcea, und doch sagen sich hier ganz an der ukrainischen Grenze zwischen den weißen Häuschen mit den hellblauen Fensterumrahmungen Fuchs und Hase gute Nacht. Ab hier bis zur Mündung liegt der nördliche, der Chilia-Arm der Donau auf ukrainischem Boden, so dass es innerhalb Rumäniens nicht mehr bis ans Schwarze Meer weiter geht. Die meisten Besucher, die nach Periprava finden, planen von hier aus einen Landausflug in den bekannten Letea-Wald im Süden.

Schiff: Eine durchgehende gute Straße von Tulcea aus nach Osten bis nach Periprava existiert nicht. Trockenen Fußes kann man hierhin eigentlich nur über den Schwarzmeerhafen Sulina vom Donauarm Sulina aus gelangen. Der direkte Weg von Tulcea nach Periprava ist der Schiffsweg auf dem nördlichen Donauarm Chilia.

Ziele in der Umgebung

Letea-Wald: Mit einheimischem Führer macht man sich von Periprava aus Richtung Süden ins Naturreservat Letea-Wald auf. Da stehen in diesem abgelegenen Landstrich Fischreiher, Löffler und Sichler im Schilf. Da drehen Falken und Waldkauze ihre Runden. Und da schleichen noch Wölfe und Wildkatzen durchs Unterholz.

Saturn (F 8)

Jede Menge los ist sommers an den Mangalia nördlich am nächsten gelegenen Badestränden von Saturn. Der Ort bietet in seinen Ein- bis Drei-Sterne-Hotels sowie auf den Campingplätzen für über 13 000 Gäste Unterkunft. Im Norden zieht sich ein breiter Sandstrand hin. Im Süden schließen sich drei kleinere Badebuchten an, um die herum sich die Hotels gruppieren. Aber noch ist nicht der gesamte Ort im internationalen Vergleich touristisch vorzeigbar. Westliche Pauschalanbieter haben sich deshalb einige Hotels herausgepickt, die komplett renoviert wurden und in denen für eine familiengerechte Clubatmosphäre gesorgt wird. Laut ihren Planungen wollen sie aber in Zukunft gerade in Saturn noch mehr investieren, zumal sich im Hotel Hora auch Kureinrichtungen befinden.

Sport & Strände

Baden und Wassersport: Besonders am nördlichen breiten und flach abfallenden Strandabschnitt Saturns sind Schwimmer und Wassersportler in ihrem Element. Man achte auf die Sportangebote vor Ort.

Balada-Aqua-Park: s. Tipp-Kasten

Bowling: Tel. 02 41/75 23 95.
Gegenüber dem Hotel Semiramis kann die Kugel rollen.

Tennis: Tennisplätze sind zu mieten beim Hotel Diana und bei der Bungalowanlage Delta.

Wellness-Angebote: Medizinisches Kurzentrum im Hotel Hora,
Tel. 02 41/75 24 52.
Das Kurzentrum verspricht, natürlich in kleinerem Rahmen als die Großen der Branche, Rheumageschädigten sowie gynäkologisch Kranken Linderung und wendet die rumänische Variante einer

Balada-Aqua-Park

Auf dem Terrain des Hotels Balada in Saturn wurde im Sommer 2003 der zweite Aqua-Freizeitpark (nach Mamaias größerem Aqua-Magic-Park, s. S. 70) der rumänischen Schwarzmeerküste eröffnet. Auf Groß und Klein warten in dem insgesamt 2690 m^2 großen Areal drei Schwimmbecken verschiedener Tiefe, mehrere Hydromassage-Einrichtungen, ein künstlicher Wasserfall sowie mehrere Spezialattraktionen besonders für Kinder.

Anti-Aging-Therapie an: mit Aslan-Cremes und -Spritzen. Im angrenzenden Gymnastiksaal schwitzt man dazu gleich seine überschüssigen Pfunde ab.

Ausgehen

Discoteca Dunărea: Am Eingang des Bungalow-Parks Dunărea kann abends abgetanzt werden.

Kino: In Saturns Kino ›Cinema‹ bei Hotel Semiramis laufen auch internationale Produktionen im Originalton mit rumänischen Untertiteln.

Kinder

Deutsche Reiseveranstalter haben in den Hotels Cerna, Balada und Tismana spezielle **deutschsprachige Kinderbetreuung** eingerichtet.

Hotel Cerna: Tel. 02 41/75 20 05, Fax 75 55 59, saturn.mangalia@xnet.ro, www.saturnsa.ro, DZ/Person und Woche ab 89 €.
Das Zwei-Sterne-Hotel direkt am breiten Strand von Saturn wird nach einer Renovierung auch von deutschen Veranstaltern beworben. Das vierstöckige Haus ist als familienfreundlich bekannt.

Hotel Balada:
Tel. 02 41/75 13 67, Fax 75 55 59, saturn.mangalia@xnet.ro, www.saturnsa.ro, DZ/Person und Woche ab 112 €.
Auch das Drei-Sterne-Hotel Balada gehört inzwischen zum Kreis der von Deutschen gerne besuchten Häuser. 2003 wurde dem Komplex eine großzügige Swimmingpool-Anlage, der Balada-Aqua-Park, insbesondere für kleine Wasserratten hinzugefügt.

Hotel Hora: Tel. 02 41/75 14 64, Fax 75 55 59, saturn.mangalia@xnet.ro, www.saturnsa.ro, DZ/Person und Woche ab 112 €.
Seit längerem im Blick deutscher Touristen ist das Drei-Sterne-Haus Hora, das zwischen dem Cerna und dem Balada direkt am Hauptstrand Saturns liegt. Hier ist inzwischen ein Kinder-Ferienclub mit deutschsprachiger Betreuung entstanden. Kurgäste nehmen die Wellness-Angebote des Hotels wahr.

Sichler sind im Donaudelta zu Hause

Direkt im Hotel kann man nach den medizinischen Methoden der Altersforscherin Ana Aslan behandelt werden.
Bungalows Dunărea oder Delta: Tel. 02 41/75 13 19, Fax 75 55 59.
Beide Anlagen im Nordwesten Saturns nahe dem Mangalia-See bieten kleine einfache und preiswerte Ferienhäuser.
Camping Saturn: Tel. 02 41/75 13 80, Fax 75 55 59.
Am nördlichsten Ende Saturns am Ufer des Mangalia-Sees können Zelte aufgestellt werden.

Restaurant Taverna Cleopatra: Die Lage des Restaurants direkt am Strand ist ideal. Man kocht internationale Gerichte (12 €/Person für Menü incl. Getränk).

Bahn: Saturn erreicht man über die Schnellzugstation Mangalia und über die E87.

Ziele in der Umgebung

Von allen Badeorten werden Busausflüge angeboten. Ausflugsziele s. Eforie Nord, S. 62)

Sfântu Gheorghe (J 3)

Wer im Schwarzmeer-Fischerort Sfântu Gheorghe angekommen ist, hat meist von Tulcea aus eine herrliche, 112 km lange Schiffsreise auf dem gleichnamigen südlichsten Donauarm hinter sich. Malerisch erstrecken sich nun hier bei Sfântu Gheorghe am Meer ein gelbweißer breiter Sandstrand und dahinter weite Dünen bis zum Horizont, die man als Badegast ganz für sich hat. Natürlich gibt's aber vor Ort fern der großen Urlaubsziele auch keinerlei touristische Infrastruktur. Und nur in den Träumen der Bukarester Tourismusstrategen existierte über Jahre ein Projekt ›Europa‹, das mit Hilfe von EU-Geldern möglichst Fünf-Sterne-Hotels genau an diese einsamen Sandstrände irgendwo zwischen Sulina und Sfântu Gheorghe klotzen wollte. Internationale Naturschützer wussten das bislang erfolgreich zu verhindern. Und so wird der Ort des Heiligen Georg wohl auch noch weiterhin mehr oder weniger unbehelligt vom Zeitgeist nur den Meereswellen ausgesetzt sein.

Sport & Strände

Wer gerne ohne jeden Rummel das Meer, den Wind und den Strand genießt, kommt hier auf seine Kosten. Im Gespräch mit den Einheimischen ergibt sich auch die eine oder andere Mitfahrgelegenheit ins Delta oder aufs Meer hinaus.

Pensiune Barta: Tel. 02 40/51 12 79, DZ/Person und Woche 29 €.
Die Pension ist eine Zwei-Sterne-Unterkunft für einfache Ansprüche und schmale Brieftaschen.
Pensiune Visconti: Strada Mircea Vodă 6, Tel. 02 40/51 12 79, DZ/Person und Woche 29 €.
Auch in dieser Zwei-Sterne-Unterkunft wird der westeuropäische Gast seine Ansprüche zurückschrauben müssen.

Schiff: Sfăntu Gheorghe ist ein Ziel für Donaudelta-Linienschiffe auf dem gleichnamigen südlichsten Flussarm und regelmäßig Zwischenstation für Schwarzmeer-Kreuzfahrtschiffe.

Ziele in der Umgebung

Angeboten werden Schiffsausflüge in die Deltalandschaft oder aufs Schwarze Meer hinaus. Tierfreunde schwören be-

Ein Friedhof voller Geschichte(n)

Wenn man schon mal in Sulina ist, sollte man über den Friedhof hier im äußersten Nordosten Rumäniens spazieren. Die Dobrudscha war über all die Jahrhunderte immer eine Gegend, die viele Völker durchzogen, wo sich Menschen unterschiedlichster Herkunft ansiedelten. Sulinas Friedhof spiegelt auch heute noch diese bunte Geschichte wider: Neben dem Grabstein mit griechischen Buchstaben steht der eines Türkischstämmigen und der eines Rumänen. Russisch klingende Namen weisen auf Lipovenerfamilien, deren Vorfahren einst aus religiösen Gründen im Delta Zuflucht suchten. Und vis-à-vis erkennt man jüdische Familiengräber. Die Nachkommen sind in den letzten Jahrzehnten zum großen Teil Richtung Israel ausgewandert.

sonders auf die Touren ins südlich gelegene **Naturreservat Sfântu Gheorghe,** denn hier fliegen ihm, wenn er Glück hat, Kormorane und die seltenen rosa und Krauskopfpelikane, Kraniche und Säbelschnäbler vor die Linse.

Sulina (J 2)

Die meisten Delta-Besucher befahren, schon aus Zeitgründen, den mittleren und begradigten Deltaarm Sulina, für dessen 72 km man von Tulcea aus bis zur Mündung per Linien- oder Kreuzfahrtschiff nur drei oder vier Stunden benötigt. Die 5700-Einwohner-Hafenstadt Sulina selbst bildet, nach Tulcea, die größte Ansiedlung im rumänischen Teil des Deltas. Vom alten Solina des byzantinischen Kaisers Constantin VII., der Quellen zufolge die Ortschaft im Jahr 950 n. Chr. zu seinem Reich gehörig erklärte, ist leider nichts weiter übriggeblieben. Die heutigen Fischer und Arbeiter in der Fischkonservenfabrik sowie die vielen Knüpferinnen von Orientteppichen wohnen meist in den unsäglich hässlichen Blocks.

Sehenswert

Leuchtturm und Hafen: Attraktiv im modernen Sulina ist eigentlich nur der alte Leuchtturm (Farul Vechi) sowie die lebendige Atmosphäre rund um den Hafen.

Sport & Strände

Auch um Sulina gibt es **Sandstrände** zum Sonnen und Baden. Strandservice ist aber natürlich hier weitab der großen Badeorte Fehlanzeige.
Im Hafen stechen regelmäßig **Schwarzmeer-Kreuzfahrtschiffe** in See.

Hotel Sulina:
Tel. 02 40/54 30 17,
DZ/Person und Woche 49 €.
Das Sulina ist ein 150-Betten-Haus mit Restaurant und Bar.

Pensiune Delta Sulina:
Str. A Treia 288,
Tel. 02 40/27 55 54, Fax 54 36 75,
DZ/Person und Woche 79 €.
In dieser Drei-Sterne-Pension kann man seine Ansprüche schon etwas höher schrauben.

Restaurant Marea Neagră:
Str. Deltei 178,
Tel. 02 40/54 31 39.
Das Restaurant ›Schwarzes Meer‹ ist ein waschechtes günstiges Fischrestaurant am Wasser (12 €/Person für Menü und Getränk).

Schiff: Zur Hafenstadt Sulina gelangt man per Schiff von Tulcea aus auf dem gleichnamigen Donauarm oder direkt auf Schwarzmeer-Tour. Vom Landweg von Tulcea aus ist eher abzuraten. Die Beschaffenheit des Fahrwegs lässt in einigen Abschnitten, schon der Sumpflandschaft wegen, zu wünschen übrig.

Ziele in der Umgebung

Am Hafen von Sulina kann man zu einer **Schwarzmeer-Kreuzfahrt** starten oder sich per Boot in die **Delta-Windungen** führen lassen.

Techirghiol (F 7)

Dieser gewachsene Ort im Westen von Eforie Süd am gleichnamigen See hat 1999 sogar schon seine Hundertjahrfeier als Bade- und Luftkurort begehen können. Und das sicher dank der Heileigenschaften des Seewassers und des ebenfalls hier gefundenen Faulschlamms. Das heißt in Techirghiol treffen sich die Kurgäste aus vieler Herren Länder, aber seit ein paar Jahren auch Kulturinteressierte, die hier das Marienkloster besuchen wollen.

Sehenswert

Marienkloster mit Marienkirche: Str. Ovidiu 5, 8713 Techirghiol, Tel. 02 41/73 56 14, Fax 73 54 49, info@sfanta-maria.ro.

Tausende von Gläubigen kommen jährlich nach Techirghiol, nur um das dunkle Holzkirchlein der Christusmutter Maria aufzusuchen. Im 17. Jh. war das gute Stück hoch oben im Norden Rumäniens, in der Maramuresch, im traditionellen Stil gefertigt und bemalt worden. Dann

Beliebtes Pilgerziel: das Marienkloster in Techirghiol

im 20. Jh. wurde das Gotteshaus nach einem Intermezzo in Zentralrumänien an die Küste versetzt. Und hier bereichert es nun das Marienkloster, das nach der politischen Wende regelrecht aufgeblüht ist (s. Tour 3, S. 113).

Sport

Wellness-Angebote: Balnearisches und medizinisches Sanatorium Techirghiol, Str. Dr. V. Climescu 33, Tel. 02 41/73 57 48, Fax 73 57 05, sbtghiol@xnet.ro.
Sommers wie winters geöffnet ist diese Traditions-Kureinrichtung mit einfachen Zweibettzimmern. Sie nutzt mineralhaltiges Süßwasser des Sees wie auch den Sapropolschlamm gegen Rheuma-, gynäkologische, dermatologische und neurologische Erkrankungen. Die Apparaturen und die Gesamtausstattung erscheinen, nach westlichen Standards, zwar altmodisch. Aber die langjährigen Kurgäste auch aus Westeuropa schwören auf den Effekt der Anwendungen. Gesamt-Badekuren laufen über eine Woche, die auf den Erkenntnissen der Altersforscherin Ana Aslan fußenden Gerovitalkuren ebenfalls. Unterstützend werden Gesichts- und Körperkosmetik-Anwendungen geboten.

Vilele Bella: Str. Oituz 3, Tel. 02 41/73 66 29, Fax 54 22 62, DZ/Person und Woche 40 €.
Die freundlich weißen Häuschen bieten eine einfache und sehr preiswerte Ein-Stern-Unterkunft.
Pensiune Câmpina: Str. Ovidiu 10, Tel. 02 41/75 94 73, DZ/Person und Woche 40 €.
Das Câmpina ist eine Ein-Stern-Pension für geringe Ansprüche und dünne Geldbörsen.
Hotel Minerva: Str. Eroilor 2, Tel. 02 41/73 57 43, DZ/Person und Woche 40 €.
Das Ein-Stern-Hotel Minerva hat nicht viel zu bieten, ist aber dafür auch sehr preiswert.

Bahn: Wer mit dem Schnellzug anreist, muss in Eforie aussteigen und auf Bus oder Auto umsteigen.
Bus: Techirghiol erreicht man direkt per Linienbus ab Constanţa über die E87.

11

Highlight

Tulcea (F 2)

Die 110 000-Einwohner-Hafenstadt am rechten Ufer des Donau-Arms Sulina ist mit ihren riesigen Werften, den Fischverarbeitungs- und Schilfaufbereitungsanlagen das bedeutendste Industriezentrum der nördlichen Dobrudscha. Für Reisende ist aber wichtiger, dass sich hier in Tulcea, dem Aegyssus des Altertums, die Pforte zur Naturwildnis des Donaudeltas auftut. Im Touristenhafen in der Nähe der großen Hotels am Kai ›Faleza‹ machen sie nämlich alle fest, die Kreuzfahrtschiffe der verschiedenen Kategorien, die tage- oder wochenweise in die Naturwildnis starten, die Motorflitzer, mit denen man schnell von Ort zu Ort gelangen kann, oder die behäbigen Kähne, die man für einen geruhsamen Angel- oder Badeurlaub in den Deltawindungen mieten kann. Segler können hier gechartert werden, Angelboote geliehen und einheimische Deltaführer verpflichtet werden. Die Stadt Tulcea selbst präsentiert sich eher provinziell als großstädtisch: mit ihren Rumänien-typischen Blocks, die ganze idyllische Straßenzüge haben verschwinden lassen und schon bald nach Bezug renovierungsbedürftig erscheinen. Mit ihren lauten Obst- und Gemüsemärkten, wo eifrig gehandelt wird. Mit den vielen emsig besuchten orthodoxen Kirchen, in denen Mütterchen mit Kopftüchern Kerzen anzünden. Und mit den nicht weniger frequentierten Moscheen. Die stolze städtische Synagoge dagegen steht einsam und verschlossen innerhalb eines mit Unkraut überwucherten Gartens – die meisten Dobrudscha-Juden sind in den letzten Jahren nach Israel ausgewandert. Richtig lebendig wird's in Tulcea dann aber abends, wenn in den Diskotheken und Bars des Hafens die Post abgeht.

Sehenswert

Donaudelta-Museum:
s. Tipp-Kasten

Archäologie-Museum: Str. Gloriei, im Park der Monumente, in der Saison Di–So 8–20, ansonsten Di–So 10–18 Uhr.
Schon die alten Phönizier, Griechen, Römer, Genuesen, Venezianer, Türken und Tataren suchten einst ihren Schiffsweg vom Schwarzen Meer nach Südosteuropa durchs Donaudelta. Perserkönig Darius und der Makedonier Alexander der Große hinterließen ebenfalls auf Eroberungsfeldzügen ihre Spuren. In Tulceas Archäologischem Museum lässt sich deshalb eine Zeitreise von der Antike übers Mittelalter bis in die Neuzeit starten, auch wenn die spektakulärsten Exponate der Region natürlich längst in Bukarests Museen zu sehen sind.

Volkskunst-Museum: Str. 9. Mai 4, in der Saison Di–So 10–18, ansonsten Di–So 8–16 Uhr.
Hier finden ständig wechselnde Ausstellungen zu spezifischen Aspekten der heimischen Volkskunst statt. In der ständigen Sammlung sind die üblichen Trachten-Exemplare, Holzschnitzereien, Ikonen und Instrumente zu erwarten.

Donaudelta-Museum

Ein Besuch in diesem altertümlichen Museum, das organisierte Busgruppen gerne aufsuchen, kann als Vorbereitung auf eine Delta-Entdeckungstour dienen. An den Aquarien sieht man sich mit den heimischen Süß- und Salzwasserfischen Auge in Auge. In Schaukästen warten ausgestopfte Moosenten, Eisvögel und Seidenreiher sowie die seltenen Krauskopfpelikane auf Betrachter. Grimmig schauen Deltafuchs und Wildkatze dem Gast entgegen. Die archäologische Abteilung bietet griechische Vasen, römische Plastiken sowie Münzen jeglicher Herkunft (Str. Progresului 14, Tulcea, in der Saison Di–So 8–20, ansonsten Di–So 10–18 Uhr).

Sport

Am Touristenhafen direkt an der ›Faleza‹ schaue man sich um: Schnell kommt man mit den Vermietern aller nur möglicher Schiffe oder Boote ins Geschäft. Oder man lässt sich in Sachen **Wasser- und Angelsport** von den entsprechenden Informationsstellen beraten: Ecodelta SA, Piaţa Republicii2, Tel. 02 40/51 46 60, und Silvodelta SA, Str. Spitalului 32, Tel. 02 40/51 32 79; beide verleihen Boote und Anglerausrüstung.

Feste & Unterhaltung

Musikfestival: Anfang Aug. treffen sich in der Donauhafenstadt Amateur-Musikergruppen aus ganz Europa. Auch

Start zur Schiffstour ins Donaudelta: am Hafen von Tulcea

deutsche Bands der Unterhaltungsmusikbranche sind regelmäßig dabei. Man achte auf die genauen Termin- und Ortsangaben in der lokalen Presse.

Danubius Travel Agency: Str. Păcii 20, 8800 Tulcea, Tel. 02 40/51 78 36, Fax 51 66 49, europolis@danubius.ro.
Das Tulcea-Büro dieses Dobrudscha-Reisen-Veranstalters ist spezialisiert auf verschiedenste Donaudelta-Angebote.
Simpaturism: Str. Isaccei 2, 8800 Tulcea, Tel. 02 40/51 57 53, Fax 51 57 53, simpaturism@tim.ro.
Die Niederlassung dieses in Rumänien weit verbreiteten Tourismusunternehmens organisiert Fahrten und Unterkünfte im Donaudelta.
Paradis-Vacanţe de Vis (Paradies Traumreisen): Str. Isaccei 4, 8800 Tulcea, Tel./Fax 02 40/51 03 85, gabrielmanea2001@yahoo.com, www.paradistours.ro.
Das Büro vermittelt Angebote des Agrotourismus auch in der Deltaregion.
Ökologisches Informationszentrum Biosphärenschutzgebiet Donaudelta: Str. Portului 34 A, 8800 Tulcea, Tel. 02 40/51 89 45, Fax 51 89 75, arbdd@ddbra.ro.
Hier erhält man alle Informationen über das internationale Naturschutzprogramm für das Donaudelta.
Deutsches WWF-Auen-Institut, Rastatt: Josefstr. 1, 76437 Rastatt, Tel. (in Deutschland) 072 22/38 07-0, Fax 38 07-99, auen@wwf.de
Das deutsche Institut ist mit seinen Wissenschaftlern vor Ort im Donaudelta an den entsprechenden Naturschutz-Projekten beteiligt und informiert von seiner Rastätter Zentrale aus in deutscher Sprache über die aktuelle Lage sowie über Flora und Fauna im Deltagebiet.
Antrec – Vertretungsbüro für ländlichen, ökologischen und kulturellen Tourismus: Tel. 02 40/51 88 28, Fax 51 18 07.
Das Büro vermittelt auch private Adressen, wo man im Bereich Donaudelta unterkommen kann, sowie Touren für Kulturinteressierte in die weitere Umgebung.

Hotel Europolis: Str. Păcii 20, Tel. 02 40/51 24 43, Fax 51 66 49, europolis@tim.ro,

www.europolis.ro, DZ/Person ab 34 €. Das Europolis ist ein modernes vierstöckiges und preiswertes Zwei-Sterne-Haus mit einfacher Ausstattung an der ›Friedensstraße‹, die direkt zum Touristenhafen führt. Es verfügt über ein Restaurant und Kabel-TV und vermittelt auch direkt Delta-Touren.

Hotel Delta: Str. Isaccei 2, Tel. 02 40/51 47 20, Fax 51 62 60, DZ/Person ca. 40 €.

Das sechsstöckige und preislich günstige Delta ist das Traditionshotel Tulceas mit idealer Lage direkt am Touristenhafen, wo die Deltaboote anlegen. Der Drei-Sterne-Block mit Restaurant, Swimmingpool und Bar verbreitet zwar immer noch den Charme einer Sozialismus-typischen Unterkunft, hat aber in den letzten Jahren einiges für die Modernisierung und die Verbesserung des Service getan.

Atbad S. A. Companie de turism: Str. Babadag 11, Tel. 02 40/51 41 14, Fax 51 76 25, office@atbad.ro, www.atbad.ro, DZ/Person ab 45 € (Vollpension).

Das Büro hat 3- bis 4-Sterne-Zimmer auf Deltaschiffen in Doppelbettkabinen für Naturliebhaber, Ornithologen und

Konferenzen zu vergeben. Die Schiffe mit Restaurant starten ins Deltalabyrinth. Das Büro übernimmt aber auch die Vermittlung von 2- bis 3-Sterne-Unterkünften im Delta-Feriendorf Roşu, das mit Restaurant und Diskothek aufwarten kann.

S. C. Sincron S. R. L.:
Tel./Fax 02 40/51 77 69,
sincrondelta@yahoo.com,
www.sincrondelta.ro,
DZ/Person ab 45 € (Vollpension).
Das Unternehmen schickt Drei-Sterne-Kreuzfahrtschiffe mit Restaurant ins Delta und organisiert geführte Bootstouren speziell für Angler und Vogelkundler.

Bahn: Mit dem Zug ist Tulcea nur umständlich über die Kleinstrecke Medgidia–Tulcea zu erreichen.
Schiff/Bus: Direkt fahren viele **organisierte Reisegruppen** mit dem Bus von den Schwarzmeer-Badeorten in die Hafenstadt und von dort aus mit dem Schiff ins Delta. Auch **Schwarzmeer-Kreuzfahrtschiffe** fahren durch das Delta die Stadt Tulcea an.
Pkw: Der Autofahrer erreicht Tulcea von Constanţa aus über die E 87 und von Brăila im Westen aus über die Nationalstraße 22.

Ziele in der Umgebung

Wer Zeit fürs Donaudelta mitgebracht hat, kann von Tulcea aus auch zu kulturell interessanten Landausflügen aufbrechen.

Niculiţei (E2) und Kloster Cocoş (E2): Richtung Westen auf der Nationalstraße 22 erreicht man nach einem Abbieger bei Isaccea Richtung Süden die prächtige Atanasiuskirche von **Niculiţei** aus dem 13. Jh. sowie die beachtlichen Reste einer byzantinischen Basilika aus dem 5. Jh. **:** Ein paar Kilometer weiter auf dieser Nebenstraße ragt **Kloster Cocoş** aus dem dichten Laubwald. Das ist eine ansehnliche weiße Anlage mit mächtigen Türmen aus dem frühen 20. Jh., die auf Anregung der Mönche des griechischen Athos-Berges gebaut wurde. Das kleine Museum mit alter religiöser Kunst ist sehenswert.

Isaccea (E2): Direkt an der Nationalstraße 22 und auch direkt an der ukrainischen Grenze liegt die 6000-Einwohner-Stadt Isaccea, an deren rechtem Donauufer römische Marmorsarkophage mit griechischen Inschriften sowie jede Menge ionische und korinthische Kapitelle auf massiven Säulen zu bewundern sind. Zur Geschichte der Region gehört auch die im 16. Jh. hier errichtete Moschee, die heute noch mitten in Isaccea aufragt.

Garvăn (D1): 30 km weiter auf der Nationalstraße 22 westlich von Isaccea sind nach einem Abbieger bei Garvăn Ruinen der antiken Burg Dinogetia zu besichtigen, stattliche Mauern und Türme sowie Reste römischer Thermen aus dem 4. Jh.

Măcin (D2): 12 km südlich von Garvăn finden sich in Măcin noch Ruinen des befestigten Römerlagers Arrubium aus dem 1. Jh. Westlich von Macin kann man übrigens per Fähre Richtung Brăila und damit Richtung Moldau-Region weiterkommen.

Turcoaia (D2): Weitere 20 km südlich auf der Nationalstraße 22D besitzt das Städtchen Turcoaia am alten Donauarm Reste der römisch-byzantinischen Befestigung Troesmis. Man folge der Ausschilderung an einem Abzweig von der 22D.

Tuzla (F 7)

Das Städtchen an der E87 20 km südlich von Constanţa und nur wenige Kilometer westlich der Küstenorte Eforie Süd sowie Costineşti kann als Zwischenstopp oder für Badegäste als Ausweichquartier landeinwärts dienen.

Pensiune Ovidiu: Tel. 02 41/75 94 73, DZ/Person und Woche 20 €.
Bei der sehr preiswerten Pension Ovidiu, genannt nach dem berühmten Römerdichter, der in der Region seine letzten Lebensjahre verbrachte, muss man seine Ansprüche niedrig halten.

Pkw: Vom Verkehrsknotenpunkt Tuzla an der E87 zwischen Constanţa und Mangalia ist man über die entsprechenden Abbieger Richtung Küste schnell in Eforie-Süd oder Costineşti.

Highlight 12

Vama Veche (F 8)

Der kleine Ort südlich von Mangalia fast an der bulgarischen Grenze – der Name bedeutet übersetzt ›Alter Zoll‹ – gilt wie das etwas nördlicher gelegene 2 Mai als rumänischer Künstlertreff schlechthin. Über viele Jahre konnte der Besucher auch nur am in der Nähe gelegenen Strand oder eben in den nördlicheren Badeorten übernachten. Inzwischen haben kleine Pensionen und Restaurants ihre Pforten geöffnet, und ein organisierter Campingplatz lädt ein. Als *der* Jazz-Treffpunkt über Rumäniens Grenzen bekannt ist Bibis Bistro. Über dessen Homepage www.bibi.ro setzt sich ein Fan-Club für den Erhalt des noch ursprünglich gebliebenen Vama Veche und gegen die zeitweiligen Pläne der rumänischen Tourismusstrategen ein, auf diesem Landstrich einen Nobelbadeort hochzuziehen.

Sport & Strände

Garantiert ohne Sonnenschirme und Liegestühle: Am nicht weit von Vama Veche gelegenen Strand wird noch ohne jeden Strandservice gebadet.

Ausgehen

Bibis Bistro: s. Tipp-Kasten S. 98

Feste & Unterhaltung

Seit Jahren Tradition hat das **Jazz-Festival** von Vama Veche, wenn an Sommerabenden in der Szenekneipe Bibis Bistro aktuelle Bands und Solisten Live-Musik bieten. Die aktuellen Termine erfährt man über die regionalen Medien.

Bibi Touring. Agenţie de Transport & Turism: Tel. 02 44/19 06 31, Fax 51 47 68, www.bibi.ro, office@bibi.ro.
Die Agentur organisiert Unterkunft in Vama Veche, über ein Büro in Ploieşti.

Pensiune Golden Sea: Tel. 07 22/21 58 27, DZ/Person und Woche 35 €.
Auch hier muss man bei einfacher Ausstattung der Pension als Gast nicht tief in die Geldbörse greifen.
Casa Nikita: Tel. 07 44/21 12 51, DZ/Person und Woche 40 €.
Die einfachen Zwei-, Drei- und Vierbettzimmer mit Dusche und Toilette liegen in einem einstöckig ausgebauten, einst lauschigen Ein-Stern-Haus inmitten einer Gartenanlage.
Camping Marine Park: Tel. 07 45/62 91 57.
Wer sein Zelt mitbringt, kann es hier am Meer in noch relativer Ruhe aufstellen.

Bibis Bistro

Das Bistro ist derzeit der absolute Trend-Treff am Schwarzen Meer. Serviert wird zu moderaten Preisen und zu Jazz- und französischer Musik rumänische und internationale Küche. Wer als Avantgarde-Musiker in Rumänien etwas auf sich hält, der tritt hier bei Bibi in den Sommermonaten auf (Reservierungstel. 07 22/24 12 16).

Restaurant Ariciul: Reservierungstel. 02 93/92 36 05.
Beim ›Igel‹ gibt es rumänische Küche (12 €/Person für Menü incl. Getränk).
Restaurant Lyana: Reservierungstel. 02 94/67 12 13.
Direkt am Meer gelegen, ist das ganzjährig betriebene Restaurant mit Bar bekannt für seine Fisch- und rumänischen Spezialitäten wie *Musaca*. Ein 30-Plätze-Salon und eine 180-Plätze-Terrasse stehen zur Verfügung (15 €/Person für Menü incl. Getränk).

Bahn: Bis Mangalia fährt der Zugreisende mit dem Schnellzug von Bukarest aus. Ab Mangalia hilft ein Bus oder Taxi weiter.

Venus (F 8)

Auch Venus mit seiner Bettenkapazität von 9500 Plätzen ist einer dieser Retortenbadeorte, den die Rumänen im Norden von Mangalia zwischen Cap Aurora und Saturn angelegt haben. Der lange Strand ist schön und feinsandig. Ein kleiner Süßwassersee lockt im Zentrum. Und rundherum gruppieren sich Ein- bis Vier-Sterne-Hotels sowie jede Menge Ferienhäuschen. Langsam wird nun in den letzten Jahren auch das zur Stadt Mangalia gehörende Venus in Sachen Infrastruktur westlichen Ansprüchen gerecht gemacht. Die deutschen Reiseveranstalter sind zumindest schon in ein paar aktuell renovierte Häuser zurückgekehrt und werben speziell um Familien mit Kindern.

Sport & Strände

Baden und Wassersport: Venus eignet sich besonders zum Strandurlaub mit Kindern. Ein breites Sportangebot ist am langen Strand ebenfalls zu nutzen.
Tennis: Tennisplätze kann man nahe den Hotels Adriana und Dana mieten.
Minigolf: Minigolf-Anlagen laden beim Restaurant Razelm am Venus-See und bei den Hotels Cocorul und Dana ein.
Kino: Ein Kino ›Cinema‹ zeigt ganz im Südwesten des Orts bei Hotel Dana auch internationale Produktionen im Original (mit rumänischen Untertiteln).

Ausgehen

Disco Calipso: Direkt am Strand beim Hotel Nina kann in dieser großen Diskothek abgetanzt werden.
Disco Ama: Kleiner ist die Disco Ama auf dem Strand bei Hotel Silvia, wo unter freiem Himmel durchgefeiert wird.

Kinder

Topogan Aviatic: Die spektakuläre ›Luftfahrt-Rutschbahn‹ gleich am Strand beim Hotel Semiraris ist bei den kleinen Gästen beliebt.

Hotel Claudia:
Tel. 02 41/73 16 03, DZ/Person und Woche ab 79 €.
Das günstige Claudia ist eines der vielen Zwei-Sterne-Hotels im Badeort, die in Sachen Komfort und Service noch kaum westlichen Ansprüchen genügen können. Immerhin ist man hier in der,

vom Meer aus gesehen, zweiten Hotelphalanx noch nah am Sandstrand.

Hotel Carmen: Tel./Fax 02 41/76 16 08, reservation@hotelcarmen-venus.ro, www.hotelcarmen-venus.ro, DZ/Person und Woche ab 169 €.

Nur durch die Promenade vom Strand entfernt bietet sich das Vier-Sterne-Hotel für den anspruchvolleren Gast an. 2002 wurde das vierstöckige Carmen komplett renoviert. Restaurant, Bars, Sauna, Massage und Hallenbad warten darauf, genutzt zu werden. Das Carmen kann man auch pauschal von Deutschland aus buchen.

Hotel Euro Orlando: Tel./Fax 02 41/73 16 05, orlando@eurosuites.ro, DZ/Person und Woche All Inclusive ab 184 €.

150 m vom Strand entfernt liegt dieses 2002 renovierte Drei-Sterne-Hotel. Die gemütliche Atmosphäre des dreistöckigen Hauses zieht besonders Familien mit Kindern an. Deutsche Veranstalter haben hier ein All-inclusive-Angebot im Programm.

Căsuţele Brateş-Greaca:
Tel. 02 41/73 17 02, Fax 73 10 28.
Die Căsuţele sind Ferienhäuschen für geringe Ansprüche.

Restaurant Esplanada: Im Norden des Ferienorts gelegenes Restaurant, das internationale Speisen serviert (15 €/Person für Menü und Getränk).

Bahn: Nach Venus gelangt man vom Schnellzugbahnhof Mangalia aus (8 km) oder auf der E87 von Constanţa aus.

Ziele in der Umgebung

Von allen Badeorten werden Busausflüge angeboten. Ausflugsziele s. Eforie Nord (S. 62).

Kinderfreundlich: der Strand im Seebad Venus

Im Herăstrău-Park

Ausflug nach Bukarest

Die gut zwei Millionen Einwohner zählende rumänische Hauptstadt Bukarest (Bucureşti) liegt rund 200 km westlich der Schwarzmeerküste inmitten der rumänischen Tiefebene – für viele Schwarzmeertouristen ein interessantes Ziel mindestens für einen Tagesausflug. Außer in den Sommermonaten, wenn man direkt auf Constanţas Flughafen landen kann, steuert zudem nahezu jeder Besucher auf dem Weg zur Küste erst einmmal das zentrale Bukarest an. Und fast jede Rumänien-Rundreise führt durch diesen verkehrstechnischen Knotenpunkt des Karpatenlands. Dabei hängt der ehemaligen walachischen Fürstenstadt Bukarest, immer noch der Makel an, dass sich vor gar nicht zu langer Zeit hier einmal die Gigantomanie eines Diktators austobte. Denn Nicolae Ceauşescu ließ hier in den 1980er Jahren rücksichtslos ganze Altstadtviertel abreißen, um seinen Größenwahn rund um das heute als Parlament genutzte aberwitzige ›Haus des Volkes‹ Gestalt werden zu lassen.

Der Bukarest-Besucher bummle aber besser ausgiebig auf den traditionellen Prachtalleen der Hauptstadt entlang, auf der Calea Victoriei (›Siegesstraße‹) oder auf dem Bulevardul G. Magheru, wo sich schon längst wieder die Eleganz des modernen Rumänien in schicken Cafés und sündhaft teuren Boutiquen trifft. Ein paar Meter weiter beten fromme Mütterchen in den vielen alten Kirchen der Stadt. Marktfrauen preisen lautstark ihr aktuelles Angebot an. Galerie reiht sich an Galerie. Die Studenten diskutieren in den vielen Stadtparks. Und die Vertreter der internationalen Banken und Firmen flitzen, mit ihren Aktenkoffern bewaffnet, vorbei. Das aktuelle Bukarest ist längst wieder eine typisch europäische quirlige Metropole geworden.

Sehenswert

Rumänisches Athenäum: Kein Bukarest-Besuch ohne dieses ›Ateneul Român‹ im Herzen der Stadt, in der Strada Episcopiei. Der säulengeschmückte kuppelgedeckte Rundbau aus dem Jahr 1888 ist der Sitz der Staatsphilharmonie ›George Enescu‹, wo hochkarätige Konzerte und Musikevents stattfinden. Auf Goldmosaiken sind die wichtigsten Fürsten der rumänischen Geschichte zu erkennen. Vor dem Portal blickt in einer Gartenanlage Rumäniens Nationaldichter, ein bronzener Mihai Eminescu (1850–89), sinnend zum Verkehrschaos im Innenstadtbereich rundum.

Creţulescu-Kirche: Dieser schmale Dreikonchenbau an der Prachtallee Calea Victoriei ist ein Kleinod kirchlicher Architektur Rumäniens. 1722 ließ ihn Iordache, ein einflussreicher Politiker im damaligen Fürstentum Walachei, im für die Zeit typischen Brâncoveanu-Stil bauen: mit dem so attraktiven Blendarkaden- und Zierleistenschmuck, mit fast orientalisch anmutender Fassadengliederung. Tiefgläubige Alte zünden im dunklen Kircheninneren Tag für Tag ihre Kerzen an.

Alter Fürstenhof ›Curtea Veche‹: In der Strada Iuliu Maniu sind noch einige pittoreske Reste des ehemaligen Fürstenpalasts der Walachen aus dem 15. und 16. Jh. zu finden, dazu die gut 400-jährige Alte Hofkirche, an der besonders die Blatt- und Blütenornamentik des später hinzugefügten Brâncoveanu-Portals beeindruckt.

Revolutionskreuze: Auch noch gut ein Dutzend Jahre nach der blutigen Revolution, die 1989 das Diktatorenpaar Ceauşescu wegspülte, erinnern an verschiedenen Plätzen Bukarests Holzkreuze und flackernde Kerzen an die meist jungen Opfer dieser Tage. Etwa am Verkehrsknotenpunkt Piaţa Romană am Ende des Bulevardul Magheru oder um die Universität, wo besonders viele Studenten ihr Leben ließen. Den Platz an der Hochschule für Architektur benannte man damals nach chinesischem Vorbild ›Platz des Himmlischen Friedens II‹ um.

Nationales Kunstmuseum ›Muzeul de Artă‹: Calea Victoriei 49–53, http://art.museum.ro/museum/html, Mi–So, Mai–Sept. 11–19, Okt.–April 10–18 Uhr.
Im früheren Königsschloss ist das bedeutendste Kunstmuseum Rumäniens untergebracht. Über 70 000 Exponate zeigt die reichste Sammlung rumänischer Malerei von Nicolae Grigorescu bis Camil Ressu, aber auch Meisterwerke italienischer, holländischer, spanischer und russischer Künstler sowie spätbyzantinische Ikonen und Plastiken der Moderne, z. B. eine große Werkschau des rumänischen Weltstars Constantin Brâncuşi.

Naturhistorisches Museum ›Muzeul Grigore Antipa‹: Şos. Kiseleff 1, www.antipa.ro, Di–So 10–17 Uhr.
Hier gibt's für Groß und Klein eine reiche Auswahl zoologischer, paläontologischer und ethnografischer Exponate vom Dino-Skelett bis zur Schmetterlingssammlung zu sehen.

Bauernmuseum ›Muzeul Ţăranului Român‹: Şos. Kiseleff 3, www.itcnet.ro/mtr/, Di–So 10–18 Uhr.
Im ehemaligen Museum der Rumänischen Kommunistischen Partei, einem schönen alten Spitzbogenbau, hat nach der politischen Wende ein ambitioniertes Historikerteam das Bauernmuseum eröffnet, das 1996 im Wettbewerb europäischer Museen mit einem Preis ausgezeichnet wurde. Exponate aus der reichen Dorftradition Rumäniens locken: Werkzeug, Webstoffe, Trachten, Keramik, Möbel, religiöse Gegenstän-

Dorfmuseum

Das Freilichtmuseum ›Muzeul Satului Bucureşti‹ ist die Reise wert: Das ›Dorfmuseum‹ im Norden Bukarests, im Herăstrău-Park, vereinigt auf zehn Hektar Fläche an die 300 originale Häuser und Bauernhöfe aus allen Regionen Rumäniens. Hier sind sie alle zu erlaufen: die himmelsstürmend hohen Holzkirchen der Maramuresch, die moldauischen und siebenbürgischen Gebäude und Tore mit ihrem reichen Schnitzwerk, die gedrungenen schneeweißen Katen der Dobrudscha-Region am Schwarzen Meer, sowie Scheunen, Wegkreuze und Mühlen, die man sonst nur noch in gut erhaltenen Dörfern der Karpatenregion finden kann (Şos. Kiseleff 28, Tel. 021/222 91 10, Di–So 10–18 Uhr).

de, aber auch eine echte Holzkirche aus der Maramuresch-Region.

Musikmuseum ›Muzeul George Enescu‹: Calea Victoriei 141, Di–So 10–17 Uhr.

Das Museum im schönen Cantacuzino-Palast von 1898 gedenkt des wichtigsten Komponisten Rumäniens, George Enescu (1881–1955), der in seiner Zeit auch in Westeuropa Furore machte und dessen ›Rumänischen Rhapsodien‹ auch jetzt noch international aufgeführt werden. Im Museum erinnern seine Instrumente und Möbel, Gemälde, Briefe und Fotos an das Leben des Musikers.

Literaturmuseum ›Muzeul Literaturii Române‹: Blvd. Dacia 2, www.mlr.ro/newindexeng.htm, Di–So 10–17 Uhr.

Das Museum versucht mit Hilfe von Manuskripten, wertvollen Ausgaben, Audiobeispielen und Fotos die Brücke zwischen der rumänischen und der westeuropäischen Literatur zu schlagen.

Einkaufen

Manch schönes Kunsthandwerks-Exponat kann im **Verkaufsraum im Bauernmuseum** (s. o.) erworben werden.

Einkaufscenter: Nach westlichem Vorbild kann man alles in der Unirea Mall an der Piaţa Unirii kaufen. Auch die Preise in den feinen Boutiquen sind durchaus denen im Westen zu vergleichen.

Zeit zum Stöbern sollte man zum **Antiquitätenkauf** mitbringen. Zertifikate sichern über den Wert der Gegenstände ab und erlauben die Ausfuhr.

Andrew's Antiques: Calea Victoriei 1881, Tel. 021/222 55 43.

Aureola: Bvdl. N. Bălcescu 34, Tel. 021/614 93 48

Valahia Art: Bvdl. G. Duca 21, Tel. 021/222 89 85.

Mögliche Fundgrube für an **zeitgenössischer Kunst** Interessierte:

Dominus-Z-Art: Blvd. N. Bălcesu 2, Tel. 021/614 22 86.

Onix J & M: Str. Făinari 17, Tel. 021/780 62 19.

In **Luxusläden** gibt es alles, was schick und teuer ist: Lederwaren, Textilien, Parfum, Schmuck etc.

Le Franc: Blvd. Carol 1 Nr. 65, Tel. 021/615 43 41.

Superb 90: Str. I. Câmpineanu 31, Tel. 021/614 33 37.

Obst- und Gemüsemärkte: Empfehlenswert sind die Märkte auf der **Piaţa Moghioş** in Sector 6 oder der **Piaţa Obor** hinter dem Shopping Center des Stadtteils Obor. Das meist saisonbedingte Angebot: unbehandelte Früchte, aber auch Fleisch, Fisch, Eier und Milchprodukte direkt vom Bauern, von Blumen und Honig bis zum lebenden Vieh.

Ausgehen

Oper ›Opera Naţională Bucureşti‹: Bvdl. Kogălniceanu 70–72, Tel. 021/614 69 80.

Die Nationaloper ist ein über Rumänien hinaus angesehenes Haus mit einem auf internationalem Niveau angesiedelten Repertoire. Die Eintrittspreise sind auch für beste Plätze mit umgerechnet um die 3 bis 4 € für Westbesucher erstaunlich niedrig.

Operette ›Opereta Ion Dacian‹: Blvd. N. Bălcescu 2, Tel. 021/614 11 87.

Wer klassische Operettenkunst liebt, ist hier richtig. Auch an der Operette kosten gute Plätze vergleichsweise wenig (s.o.).

Nationaltheater ›Teatru Naţional I. L. Caragiale‹: Blvd. N. Bălcescu 2, Tel. 021/615 47 46.

Hier sollte man natürlich möglichst die rumänische Sprache beherrschen. Die Eintrittpreise gleichen denen der Oper.

Bar & Café Downtown: Str. Mendeleev 32–34, Tel. 021/314 86 06, geöffnet 12 Uhr bis zum letzten Gast.

In dem im viktorianischen Stil dekorierten Downtown wird tagsüber Kaffee geschlürft, abends mutiert die Bar zu einem Irish Pub und einem Szenetreff mit speziellem Partyprogramm.

Green Hours 22 Jazz Café: Calea Victoriei 120, Tel. 021/314 57 51. Begeisterte Jazz-Freunde trinken hier noch ihren Morgenkaffee, bis sie sich wieder für die nächste Nacht mit Live-Jazz im Green Hours fit schlafen.

Pub & Internet-Treff Collossevm: Pasajul Victoriei 48–50, Tel. 021/312 44 06. Anspruchsvoller Pub, Restaurant-Terrasse und Internet-Club in Einem. Die technische Ausstattung ist auf dem neusten Stand.

Onix-Club: Splaiul Independenţei 290, Tel. 021/221 78 42, www.onix.ro. Der Club veranstaltet aktuelle Partyformen, mit Karaoke und immer neuen DJs.

Travel Agency Arcadia: Blvd. Nicolae Bălcescu 24, Tel. 021/312 67 89, Fax 312 67 94, arcadia@starnets.ro, www.arcadiatour.ro. Die Agentur klärt alle anfallende Touristenfragen und hilft insbesondere in Bukarest weiter.

Travel Agency Classic Tours: Blvd. Magheru 18, Tel. 021/310 14 16, Fax 212 81 60, classic@xnet.ro, www.classictours.ro. Vermittelt Unterkünfte, Mietwagen und Transfers in ganz Rumänien, spezialisiert auf die Vorbereitung von Kongressen, Symposien und Geschäftsreisen.

Travel Agency Eurotravel: Calea Griviţei 23, Tel. 021/231 44 06, Fax 312 91 20, office@eurotravel.ro, www.eurotravel.ro. Eurotravel erledigt Reservierungen von Hotels in Bukarest und im ganzen Land, organisiert Rumänien-Rundfahrten, besorgt Flugtickets, Mietwagen oder Minibusse.

Travel Agency Neo Tour International: Blvd. Dacia 150, Tel. 021/210 59 79, Fax 212 27 56, neotour@pcnet.ro, www.neotourpattcogroup.go.ro. Das Büro vermittelt Übernachtungen, Restaurantreservierungen, Kurplätze, Flugtickets, Angebote für Kinder auch in Bukarest.

Travel Agency Vacanţa Turism: Str. Ion Ghica 1, Tel. 021/312 20 20, Fax 312 20 70, office@vacanta.net, www.vacanta.net. Die Agentur ›Ferien‹ offeriert eine breite Angebotspalette für Bukarest und die Umgebung sowie für ganz Rumänien.

Hotel Triumf: Şos. Kiseleff 12, Tel. 021/222 31 72, Fax 223 24 11, www.rotravel.com/hotels/triumf, DZ/Person ab 50 €. Das Triumf ist ein älteres Zwei-Sterne-Hotel im ruhigeren Norden der Stadt. Gäste erwartet auch ein recht gutes Restaurant, eine Bar und ein Tennisangebot.

Hotel Minerva: Str. Gheorghe Manu 2–4, Tel. 021/311 15 50, Fax 312 39 63, reservation@minerva.ro, www.rotravel.com/hotels, DZ/Person ab 85 €. Das beliebte Drei-Sterne-Privathotel mit Einzel- und Doppelzimmern sowie Appartements im Stadtzentrum hat auch eine deutsche Stammkundschaft. Wer chinesisch essen will, kann das gleich im Haus im Restaurant Nan Jing.

Hotel Majestic: Calea Victoriei 38, Tel. 021/310 27 72, Fax 310 27 99, www.rotravel.com/hotels, DZ/Person ab 115 €. Neu hinzugekommenes Hotel im Vier-Sterne-Bereich. besonders beliebt bei Geschäftsreisenden und für Wochenendtouren, da im Zentrum der Stadt.

Marriott Hotel Bucureşti:

Calea 13. Septembrie 90, Tel. 021/403 00 00, Fax 403 00 01, marriott.bucharest@marriotthotels.com, www.marriotthotels.com, DZ/Person Juli–Aug. ab 79 €, sonst ab 99 €. Das Fünf-Sterne-Marriott ist mit seinen Luxuszimmern und Appartements neben dem traditionsreichen Hotel Athene Palace Hilton Bucureşti (s. u.) das beste und teuerste Hotel am Platze. Auch über deutsche Veranstalter buchbar.

Hotel Athene Palace Hilton Bucureşti: Str. Episcopiei 1–3, Tel. 021/303 37 77, Fax 315 38 13, DZ/Person ab 145 €. Traditionshotel mit superber Ausstattung (fünf Sterne) im Herzen von Bukarest. Konferenzräume erwarten hier auch Geschäftsreisende.

Jugendherberge Villa Helga: Str. Salcămilor 2, Tel./Fax 021/610 22 14, helga@rotravel.com, ab 10 € pro Tag. Eine der wenigen privaten Jugendherbergen vor Ort mit gutem Standard.

Privatzimmer/Appartements: vermittelt in deutscher Sprache Rolf Pop, Tel. 07 44/87 57 50, http://members.aon.at/bukarestappartements, pro Appartement ca. 65 €/Tag, 700 €/Monat.

Grande Cafe Amsterdam: Str. Covaci 6 (bei der Str. Lipscani), Tel. 021/313 75 80, geöffnet 11–2 Uhr nachts. In schicker Atmosphäre Kaffee trinken oder auch essen, gute internationale Küche (30 €/Menü incl. Getränk).

Restaurant Balthazar: Str. Dumbrava Roşie 2, Tel. 021/212 14 60, balthazar@totainet.ro (45 €/Menü incl. Getränk). Exklusives und für rumänische Verhältnisse superteures Feinschmeckerrestaurant, das für deutsche Gourmets aber noch preiswert ist. Hier trifft sich die Bukarester High Society. Der rumänische Küchenchef hat in Frankreich gearbeitet, bietet schnellen Service und bringt französische Küche mit asiatischem Pfiff auf den Tisch.

Burebista Moşilor (1): Calea Moşilor 195, Tel. 021/210 97 04. Eins der drei Burebista-Restaurants, die derzeit in Bukarest im Trend liegen. Dieses bietet sehr gute rumänische Küche in bekannten Riesen-Portionen zu vergleichbar moderaten Preisen (ca. 25 €/Menü incl. Getränk). Wer die anderen Burebistas sucht: **Burebista Batiştei (2),** Str. Batiştei 14 (Tel. 021/21 189 29, Spezialität Wildgerichte) und **Burebista Titulescu (3),** Str. N. Titulescu 39 (Tel. 021/212 54 29, traditionelle rumänische Küche).

La Mama 1: Blvd. Barbu Văcărescu 3 (Ecke Str. Ştefan cel Mare), Tel. 021/212 40 86, www.lamama.ro. Dieses La Mama ist das erste der drei gleichnamigen, derzeit sehr beliebten Restaurants, die einfache, aber bestens schmeckende rumänische Küche (20 €/Menü incl. Getränk) servieren: die rumänische Version von MacDonald's – aber mit Niveau. Tout Bukarest ist hier zu Gast. **La Mama 2** findet man in der Str. Delea Veche 51 (Tel. 021/320 52 13), **La Mama 3** in der Str. Episcopiei 9 (beim Athenäum, Tel. 021/312 97 97).

La Provence: Str. Barbu Văcărescu, Tel. 021/243 17 77, 12–24 Uhr. Das La Provence gilt als der beste ›Franzose‹ in Bukarest. Trotzdem sind die Portionen zum Sattwerden groß, die Preise aber für rumänische Verhältnisse ebenso (30 €/Menü incl. Getränk). Ein großes Plus sind die servicesicheren Kellner. Vorab reservieren!

Pizzeria Cucina – ›The Italien Kitchen‹: Calea 13. Septembrie 90, Tel. 021/403 19 02. Die Trend-Pizzeria innerhalb des Mariott Grand Hotels backt, so sagt man,

derzeit die besten Pizzas, serviert die leckersten Pastas. Die Preise sind gesalzen (35 €/Menü incl. Getränk). Auch der Kaffee ist fast wie original italienisch.
Casa Vernescu: Calea Victoriei 133, Tel. 021/231 02 20.
Der israelische Küchenchef kocht auf auch international beachtlichem Niveau (45 €/Menü incl. Getränk). Direkt im Haus kann man nach dem Essen ins Spielkasino ›Casino Palace‹ wechseln.

Flug:
Flughafen Aeroportul Otopeni: Şos. Bucureşti-Ploieşti km 16,5, Tel. 021/212 01 22.
Otopeni ist der größte rumänische Flughafen, ganzjährig auf internationale Verbindungen spezialisiert und kürzlich für 114 Mio. Euro erneuert. Transfer mit Bus oder Taxi ins Stadtzentrum: ca. 30 Min.
Flughafen Aeroportul Băneasa: Şos. Bucureşti–Ploieşti 40, Tel. 021/633 00 30.
Hier landen auch einige internationale Flieger. Aber an sich ist Băneasa spezialisiert auf Inlandflüge. Ca. 30 Min. mit Bus oder Taxi ins Stadtzentrum.
Fluggesellschaft Tarom: Str. Fraţii Buzeşti 59–61, Tel. 021/337 02 20, Fax 336 04 16, www.tarom.ro.
Das Büro verkauft Tickets insbesondere für Inlandflüge.
Fluggesellschaft Ion Ţiriac Air: Şos. Bucureşti–Ploieşti 16,5, Tel. 021/230 60 81, Fax 230 60 41, www.iontiriacair.ro.
Fluglinie des bekannten Ex-Tennis-Managers. Offeriert z. B. ›Lufttaxi‹-Service (bis zu neun Plätze) im Land.

Bahn:
Gara Bucureşti-Nord: Von dem Bahnhof verkehren die internationalen Züge und die wichtigsten nationalen Züge. Die Bahnhöfe **Gare Bucureşti-Băneasa, -Basarab, -Progresu, -Triaj, -Vest** und **-Obor** bedienen hauptsächlich die nationalen Reiseziele.
CFR-Reiseagenturen: z. B. Blvd. 1848 Nr. 44, Tel. 021/613 40 08, generell Tel. 021/313 26 42, marketing.calatori@cfr.ro.
Die Agenturen verkaufen Inland-, aber auch internationale Zugtickets. Am besten reserviert man einige Tage im Voraus.

Bus:
Touring Europabus România: Bd. Alexandru Ioan Cuza, Tel. 021/210 08 90, Fax 312 85 43, office@touring.ro.
Zentrale für Überlandbusse in Bukarest.

Taxi, Minibusse, Maxitaxis:
Seriöse Taxiunternehmen mit Taxameter-Berechnung: z. B. Cristaxi, Cobalcescu, Perozzi, Merian, Tess, Rodell, Apolodor oder Prof. Man achte darauf, dass der Kilometerpreis vereinbart und der Taxameter eingeschaltet ist.
Vor allen Bahnhöfen findet man private Kleinbusse und Mehr-Personen-Taxis(Maxitaxis). Der Routenplan ist an der Frontscheibe angeschlagen.

Autovermieter: Hertz Franchise: Flughafen Otopeni, Tel. 021/201 49 54, reservations@hertz.com.ro, www.hertz.com.ro; **Avis Rent A Car:** Flughafen Otopeni, Tel. 021/204 19 57, reservation@avis.ro, www.avis.ro.
Beide sind seriöse Vermieteradressen.

Ziele in der Umgebung

Wer in die **Karpaten**, zu den prächtigen **Moldauklöstern**, in die geschichtsträchtigen Städte **Siebenbürgens,** die Bilderbuch-Dörfer der **Maramuresch,** des **Banats** und der **Walachei** reisen will, für den ist Bukarest, das verkehrstechnische Drehkreuz Rumäniens, der beste Ausgangspunkt.

Extra-

Fünfmal die rumänische Schwarzmeerküste und ihr Umland entdecken:

1. Schiffstour durchs Donaudelta – ins Land-Wasser-Dreieck
2. Zur Ruinenstadt Histria – Auf den Spuren der Antike

Alle Touren sind auf dem großen Faltplan eingezeichnet

Touren

3. Kirchen, Synagogen, Moscheen – Vielfalt der Völker und Religionen in der Dobrudscha
4. Nach Adamclisi und zu den Klöstern St. Andreas und Dervent
5. Zum Weingut Murfatlar

Tour 1

Im Donaudelta: Labyrinth der Wasserwege

Schiffstour durchs Donaudelta

Auf dem Weg ins Land-Wasser-Dreieck

Diesen Ein- oder Mehrtagesausflug sollte kein Rumänien-Tourist auslassen: eine Tour in eines der letzten Naturparadiese Europas, ins Donaudelta. Von Constanţa aus sind die Deltastadt Tulcea und die drei Mündungsarme Chilia, Sulina und Sfântu Gheorghe leicht in einer 200 km langen Tour zu erreichen.

Man fährt, individuell oder auf einer organisierten Bustour, auf der E87 Richtung Norden (s. Tour 2, S. 110) durch die Orte **Mihai Viteazu** und **Baia.** Hier, ein wenig westlich des Goloviţa-Süßwassersees, haben Archäologen 1924 die berühmten Hamangia-Fruchtbarkeitsstatuen aus der Jungsteinzeit ausgegraben, die heute im Archäologischen Museum in Constanţa zu sehen sind (s. S. 46).

Etwa 70 km nach Constanţa ist die 11 000-Einwohner Stadt **Babadag** (s. S. 42) erreicht, in deren Zentrum das Museum und die Moschee Gazi Ali Pascha aus dem 17. Jh. an die osmanische Besatzungszeit erinnern. In Babadag, türkisch ›Vater Berg‹, leben auch heute noch zahlreiche Muslime. Das pittoreske Örtchen **Cataloi** ist nun die letzte Station vor der 110 000-Einwohner-Stadt **Tulcea** (s. S. 92), an deren Touristenhafen dann fast jedes Delta-Abenteuer seinen Anfang nimmt. Manch einer hat sich vorher noch im Donaudelta-Museum von Tulcea vor Aquarien und ausgestopften Pelikanen fit für die Fahrt ins artenreiche Land-Wasser-Dreieck gemacht.

Im Labyrinth von Flussarmen, Kanälen und Lagunen

Startet man in den **nördlichsten Mündungsarm Chilia** an der Grenze zur Ukraine, gelangt man nach zirka sechs Schiffstunden zur letzten rumänischen Ortschaft **Periprava** (s. S. 86), wo man auch noch im 21. Jh. fast abgeschieden vom Weltgeschehen in den weißen Häuschen mit den blauen Fensterumrahmungen lebt. Fischer sind die Menschen hier und Imker, Schilfbauern und auf jeden Fall Selbstversorger mit Gemüsegärtchen und ein paar Schafen und Kühen. Von Periprava aus führen sie den Gast gerne in den südlichen **Letea-Wald,** über dem Adler kreisen und der heute noch Schutz für viele weitere Tier- und Pflanzenarten bietet. Auf der Rückfahrt Richtung Tulcea sollte das Schiff unbedingt auch Kurs auf **Chilia Veche** (s. S. 45), das antike Achillea, nehmen. Wo heute eine hochtürmige orthodoxe Kirche grüßt, gaben sich schon Griechen, Genueser und Osmanen ein Stelldichein. Das fauna- und florareiche **Roşca-Reservat** ist von hier aus nicht weit. Und zurück Richtung Tulcea erreicht man bald den **Lacul Nebunu**, den ›See der Verrückten‹, von wo aus man über 1001 Flusswindungen ganz schnell in ukrainisches Grenzgebiet gelangen kann. Hohe Wachtürme aus Zeiten, als noch die Sowjetunion existierte, zeigen dem Delta-Unkundigen hier aber auch heute noch seine Grenzen auf.

Per Boot zu den Pelikanen

Den 112 km langen **südlichsten Donauarm Sfântu Gheorghe** befahren rumänische Linienschiffe wiederum in gut sechs Stunden bis zum gleichnamigen Mündungsort. **Sfântu Gheorghe** (s. S. 89) am Schwarzen Meer ist ganz auf den Fischfang und die -verarbeitung konzentriert, wartet aber auch mit speziellen Führungen in das südlich anschließende Naturschutzgebiet auf, wo noch Kormorane und rosa Pelikane kreisen. Wer mehr Zeit und vor allem auch die Angelrute ins Delta mitgebracht hat, sollte auf dem Sfântu Gheorghe einen Stopp im Ort **Murighiol** (s. S. 81) am gleichnamigen See einlegen. Ferienhäuschen und Pensionen laden zum Verweilen ein. Ortskundige Einheimische bringen Besucher in ihren Ruderbooten zu Stelzenläufern und seltenen Krauskopfpelikanen.

Die meisten Gäste im Delta befahren aber den begradigten **mittleren Mündungsarm Sulina,** für dessen 72 km bis zum Schwarzen Meer man drei bis vier Stunden benötigt. Die Hafenstadt **Sulina** (s. S. 90) selbst bildet mit ihren rund 5700 Einwohnern derzeit die nach Tulcea größte Ansiedlung im Delta. Vom alten byzantinischen Erbe ist heute zwischen Fischkonservenfabrik und langweiligen Wohnblocks leider nichts mehr übrig. Der Besucher sollte sich an die urige Hafengegend um den Leuchtturm halten. Vom Sulina-Arm aus kann man aber auch noch weitere Touren ins Dickicht der Kanäle und Lagunen unternehmen. Etwa von **Crişan** (s. S. 56) aus, zirka 20 km landeinwärts. Hier hat eine Niederlassung des Donaudelta-Instituts eine kleine, aber feine Umwelt-Ausstellung eingerichtet, in dem es für sein Projekt Delta-Biosphärenreservat ›Grüne Donau‹ wirbt.

Wo die Zeit stehen geblieben scheint …

Delta-Natur live erlebt man von hier aus bei einem Ausflug zum **Grindul Caraorman,** einem Dünen- und Waldgebiet mit seltenen Vögeln und Raubtieren. Oder bei einem Ausflug ins Gebiet der Alten Donau, wo bei der Fischabnahmestelle **Mila 23** (s. S. 80) die Netze der Fischer in der Sonne trocknen und wo im grünblauen Holzkirchlein auch hier weitab der modernen Zivilisation jeden Sonntag von der Macht des christlichen Glaubens gepredigt wird. Hier leben zahlreiche Nachfahren der Lipovener, jener russischen Einwanderer, die einst aus religiösen Gründen Zuflucht in den Deltawindungen suchten. Weiter geht es durch endlose Flusswindungen in den riesigen **Furtuna-See,** wo sich tintenblaues, mit Vegetationsinseln durchsetztes Wasser bis zum Horizont erstreckt, und zurück zum Donauhafen Tulcea.

Tour- Info

Dauer: Ein- oder Mehrtagestour individuell mit dem Auto und ab Tulcea mit dem Schiff oder in einer Bus- / Schiffsreisegruppe
Länge: 200 km

Tour 2

Zur Ruinenstadt Histria

Auf den Spuren der Antike

Die Bronzestatue des Römerdichters Ovid im Herzen Constanţas hat den Besucher schon darauf gestoßen. Wie auch die vielen pittoresken Amphoren und Sarkophage, die dort im Umkreis des Hafens im Grünen ausgestellt sind: Hier an der rumänischen Schwarzmeerküste wandelt man auch im 21. Jh. noch überall auf dem Boden der Antike. Da hatten sich seit dem 7. Jh. v. Chr. griechische Seefahrer diese Region als idealen Handelsplatz ausguckt. Und die Römer waren ihnen dann ab dem 1. Jh. v. Chr. mit geballter militärischer Kraft nachgefolgt. Wer nun heute einen ganz direkten Eindruck vom Glanz dieser Zeiten gewinnen möchte, der kann sich diesen Wunsch von den Badeorten aus leicht mit organisiertem Reisebus oder Mietauto in einer Halbtagestour zur Ruinenstadt Histria erfüllen.

Von **Constanţa** (s. S. 45) aus startet man Richtung Norden über Mamaia nach Histria. Auf der Küstenstraße überquert man bald den nördlichen Mündungsarm des Donau-Schwarzmeerkanals. Dahinter sind die dicken Schornsteine der Petrochemieanlage von Navodari zu erkennen, die aber seit der politischen Wende ihre Produktion stark zurückschrauben musste – zum Nutzen des Tourismus. Denn die Badestrände von Mamaia und Eforie sind ja nicht weit. Durch endlose Getreidefelder geht es nun weiter auf der von Alleebäumen gesäumten Landstraße Richtung **Corbu** (s. S. 53). Die schmucken weißen Dorfhäuser sind hier wie mit Bordüren verziert. An schneeweißen Kirchlein und wogenden Maisfeldern vorbei gelangt man bald ins Nachbardorf **Sacele,** wo schön geschnitzte Holztore hin zu Bauernhäusern führen, die hier wie in der gesamten Region von saftigen Weinreben umrankt sind. Hier stand mal die Wiege des rumänischen Fußballwunders Gheorghe Hagi, der nach Beendigung seiner internationalen Kicker-Karriere nun als erfolgreicher Hotelier von sich reden macht (s. S. 71, 73).

Mächtige Festungsmauern und Türme

Bald erlaubt die weite Sicht über kleine Seen und Flüsschen den Blick auf ein vogelreiches Sumpfgebiet, das man am Nuntaşi-See, zirka 35 Fahrtkilometer nach Constanţa, rechter Hand auf einer Abbiegerstraße ansteuern sollte. **Histria** (s. S. 64) hatte im Jahr 657 v. Chr., als es sich nämlich griechische Händler zum Hafen Istros erkoren, noch direkt am Schwarzen Meer gelegen. Die Luxuswaren der Antike, also Weine, Olivenöl, Schmuckgegenstände und Keramik, wurden hier auch noch von den nachrückenden Römern gegen die hiesigen Erzeugnisse Korn und Vieh, Honig und Bienenwachs eingetauscht – bis ab dem 3. Jh. n. Chr. die Zerstörungszüge der Hunnen, Goten und Vandalen den Händlern die Geschäfte platzen ließen. Die Bürger flohen aus ihrer Stadt. Und nach und nach verschwand dann auch der Küstensaum vor Istros durch Versandung Richtung Osten. Heute ist er mit bloßem Auge nicht mehr zu sehen. Reichlich Reste der Bebauung sind aber noch jetzt in dieser Ruinenstadt zu erlaufen. Etwa die riesige Festungsmauer, deren Steinquader und zehn Türme über Jahrhunderte so manchen potentiellen Eindringling zur Verzweiflung brachten. Schwer beladene Wagen müssen hier ständig reiche Ware durch die zwei Tore gefahren haben, denn ihre Rillen sind noch heute im Steinboden zu erkennen.

Tempel, Altäre und heilige Brunnen

Auf dem Ex-Marktplatz sind vor dem tintenblauen Wasserpanorama des träge plätschernden Sinoe-Sees Ruinen von römischen Gerichtsstätten, Kirchen und Warenlagern auszumachen. Einkäufe wurden hier in den damals vielen Geschäften getätigt. Schöne Amphoren stehen hier ausgestellt, mühsam von Wissenschaftlern wieder zusammengesetzt. Rundherum müssen die Bürger auch von großen Thermenanlagen verwöhnt worden sein, wie es Reste von Heißluftröhren und Becken zeigen. Ihre griechischen Vorgänger hatten ebenfalls in attraktivem Umfeld gelebt. Nur ein paar hundert Meter weiter kann man wertvolle Ausgrabungen aus dem 6–3. Jh. v. Chr. erlaufen, die die Archäologen unter den spätrömischen Schichten fanden. In einem großen Zeustempel müssen die Bewohner dieser Zeiten ihre Opfer dargebracht haben. Altäre sind zu entdecken und heilige Brunnen, an denen ebenfalls das sakrale Leben stattfand. Womit man wieder zum Ausgangspunkt von Istros-Histria zurückgekehrt wäre: dem Eintreffen der Mileter Seefahrer in diesem für sie so günstig gelegenen damaligen Naturhafen am Schwarzen Meer.

Griechische Göttinnen und dakische Reiter

Vor der Rückfahrt warten dann noch die Exponate im lichten Histria-Museum am Eingang der Anlage auf Bewunderer. Also etwa gut erhaltene römische Grabstelen mit Bankettszenen, wo die reichen Gäste sich bei üppiger Mahlzeit gemütlich liegend zuprosten. Marmorne dakische Reiter aus der Zeit, als sich die Truppen des einheimischen Dakerkönigs Burebista Mitte des 1. Jh. v. Chr. noch gegen die anrückenden Römer zur Wehr setzten, sind hier zu sehen. Und hellenistische Keramikgefäße, auf denen einem griechische Göttinnen entgegenblicken. An Schautafeln kann man sich die Entwicklung des einst so reichen und dann plötzlich verlassenen Istros vor Augen führen. Und den oft so erbarmungslosen Lauf der Geschichte nach einem guten Essen in Histrias Restaurant auf der Rückfahrt vor seinem geistigen Auge noch einmal ablaufen lassen.

Dabei nimmt, wer dieses Mal Zeit sparen will, in Richtung Süden am besten die Parallelstraße, die gut ausgebaute E87 über Mihai Viteazu.

Tour- Info

Halbtagesfahrt per Mietauto
oder organisiert im Reisebus

Tour 3

Die Kathedrale St. Peter und Paul in Constanţa

Kirchen, Synagogen, Moscheen

Vielfalt der Völker und Religionen

Eigentlich spürt man es schon beim Marktbummel in Constanţa: Die Gesichter rundherum, die der Bauern und Städter, der Kinder und Alten, der Verkäufer und Käufer erzählen Geschichten, und zwar von der langen Historie rund um die Küstenstadt Tomis-Küstendje-Constanţa. Nachfahren der einheimischen Daker, der seefahrenden Händler aus dem antiken Griechenland, der römischen und dann der osmanischen Eroberer scheinen einen zu umringen. Slawisch hohe Wangenknochen, asiatische Tatarenaugen – Erbe der vielen Völker, die sich im Laufe der Jahrhunderte in der Dobrudscha ein Stelldichein gaben. Roma-Kinder neben rotblonden Lipovenern, Nachfahren von Russen, die vor 200 Jahren ins Donaudelta flüchteten. Die Küstenregion scheint ein einziger Schmelztiegel der Völker zu sein.

Constanţa und seine Gotteshäuser

Das kann man in **Constanţa** (s. S. 45) auch im Angesicht der vielen unterschiedlichen Gotteshäuser nachempfinden. Majestätisch ragt da in der Strada Arhiepiscopiei als eine der vielen orthodoxen Kirchen die **St. Peter und Paul-Kathedrale** in den Himmel. Auf einem römischen Unterbau zog hier 1885 Ion Mincu in typisch walachischem Stil gelb-weiß-geschichtete Fassaden hoch, auf deren achteckigen Türmen große Kreuze zum Gottesdienstbesuch einladen – und zu deren Füßen im Kirchgarten gleich noch bildschöne Grabstelen der Antike zu bewundern sind. Nur einen Steinwurf weiter in der Strada Titulescu 11 wartet die 1937 in norditalienischem Stil erbaute **Römisch-Katholische Kirche St. Anton** auf ihre in Rumänien vergleichsweise wenigen Gläubigen.

Mitglieder verloren haben im Vergleich zu vergangenen Jahrhunderten nach dem Rückzug der Türken natürlich die hiesigen muslimischen Gemeinschaften. Wobei allein in Constanţas Altstadt von zweien ihrer Gotteshäuser noch laut zum Gebet gerufen wird: einmal von der 1910 errichteten **Großen Moschee** in der Strada Crangului fast im Blickfeld des Ovid-Standbilds, nur ein zwei Straßenzüge von der Katholischen Kirche entfernt. Vom 47 m hohen Minarett der Moschee hat man den schönsten Panoramablick auf das ehemalige Küstendje der Osmanen. Und sieht auch schon nicht weit am Boulevard Tomis die kleinere, 1868 im maurischen Stil gebaute **Hunchiar Moschee.** Tradition in der alten Hafenstadt Constanţa hat auch die Anfang des 20. Jh. neugotisch konzipierte **Synagoge** der jüdischen Gemeinschaft an der Strada Rosetti 2 nicht weit vom Boulevard Tomis. Wobei Gemeinden wie diese durch die Ausreise vieler ihrer Mitglieder nach Israel und in die USA empfindliche Einbußen hinnehmen müssen. Was der noch unter der Osmanenherrschaft gebauten **Griechisch-Orthodoxen Kirche Methamorphosis** in der Parallelstraße zum Boulevard Tomis, der Strada Mircea cel Batrân 26, nicht droht, da immer noch zahlreiche griechischstämmige Menschen in dieser zweitgrößten Stadt Rumäniens leben.

Holzkirchlein der Heiligen Maria

Auf dem Weg zu den weiteren wichtigen Gotteshäusern an der Küste kann man nun von Constanţa aus auf einer etwa 100 km langen Halbtagestour in den Süden der Dobrudscha aufbrechen. Schon bei Kilometer 10 auf der E 87 biegt man dafür bei Agigea auf die Nationalstraße 38 nach Techirghiol ab. Am Nordwestufer des gleichnamigen Süßwassersees gelegen, sieht der gut 100 Jahre alte Kurort jahraus jahrein die internationale Wellness-Gemeinde in die Sanatorien ziehen. Tausende von Rumänen pilgern aber auch jährlich zum **Holzkirchlein der hl. Maria** nach **Techirghiol** (s. S. 91). Dieses kleine dunkle Gotteshaus war im 17. Jahrhundert in der nordrumänischen Maramuresch geschreinert und mit Ikonenmalerei ausgestattet worden. 1951 hatte es der orthodoxe Patriarch Justinian ans Schwarze Meer verpflanzt. Wobei es da übrigens schon mal ein paar Jahrzehnte Zwischenstation beim ehemaligen Königsschloss Peleş in den Karpaten gemacht hatte. Nun nach der politischen Wende erwählte man das schmucke zweitürmige Kirchlein in Techirghiol zum Herzstück eines neuen Marienklosters. In dem leben heute 43 Nonnen und malen in byzantinischer Technik Ikonen, weben die traditionellen Teppiche und verzieren für die vielen Klosterbesucher kunstvoll die orthodoxen Holzostereier. Weniger weltoffen gibt sich bislang dessen Schwesternhaus, das **Kloster der hl. Elena** am Meer beim Badeort **Costineşti** (s. S. 53) an der E87, dessen nach Rumäniens Ex-Königin benannte Elena-Quelle im Klosterhof sprudelt. Hier werden noch keine Besucher geführt.

Turbangekrönte Gräber

Da lohnt sich für den Reisenden eher ein Stopp in der Hafenstadt **Mangalia** (s. S. 76) knapp 50 km südlich von Constanţa. Natürlich haben hier wie überall in den Dobrudscha-Städten die orthodoxen und die katholischen Christen ihre Gotteshäuser gebaut. Besonders sehenswert ist jedoch vor Ort sicher ein Kleinod an muslimischer Gebetsstätte: die **Esmahan Sultan Moschee** an der Strada Oituz. Rund 800 türkischen und tatarischen Familien ist die im 16. Jahrhundert gebaute Moschee heute geistliches Zuhause. Aber draußen auf dem historischen muslimischen Friedhof, da erzählen die turbangekrönten alten Grabsteine mit den arabischen Schriftzeichen wiederum noch heute Geschichten: aus den Zeiten, als auch an der rumänischen Schwarzmeerküste der türkische Sultan noch unangefochten das Sagen hatte und seine reichen Landsleute sich hier im heutigen Mangalia den Lebensabend versüßten.

Tour- Info

Halbtagestour mit dem Auto

Tour 4

Das Andreaskloster hat sich zum Touristenmagnet entwickelt

Nach Adamclisi und zu den Klöstern St. Andreas und Dervent

Ein Ausflug nach Westen

Keine Frage, eine Fahrt von der Küste ins Landesinnere, nach Adamclisi und zu den Klöstern St. Andreas und Dervent, verspricht einen abwechslungsreichen Ausflugstag. Die Tour beginnt, wie die Tour zum Weingut Murfatlar (s. Tour 5, S. 116), von Constanţa aus auf der Nationalstraße 3. Auf den weiteren 50 km bis Adamclisi haben die Dörfer klingende Namen wie Ciocârlia, Cobadin, Pietreni und Deleni. Überall ranken sich schattenspendende Weinranken zwischen den weißen Häuschen. Vielleicht sieht man beim Blick in einen Innenhof die Großmutter beim Kartoffelschälen und die Enkel nach den umherlaufenden Hühnern haschen, während die Eltern draußen auf dem Feld arbeiten.

Adamclisi – ein römischer Wink mit dem Zaunpfahl

Kurz bevor der Ort **Adamclisi** erreicht ist, führt eine schnurgerade Allee auf ein seltsam riesiges Stück Architektur zu, das den Kunstinteressierten mit seinem festungsartigen Sockelgeschoss und gestuften Postament an die Engelsburg in Rom erinnert. Doch der dann in einer Kolossalstatue endende Rundbau von Adamclisi war im Jahr 109 n. Chr. keineswegs als Mausoleum konzipiert. Römerkaiser Trajan hatte hier nach langen Kämpfen mit den einheimischen Dakern ein Siegesmal in die Ebene gesetzt. Sozusagen einen Wink mit dem Zaunpfahl an ein aufmüpfiges Volk, der zeigte, wer jetzt südlich des Donaulaufs das Sagen hatte. Und wer, wie es auch die umliegenden Ruinen belegen, der Herr der hiesigen großen, bis zum 7. Jh. bewohnten Burganlage **Tropaeum Traiani** war. Beim Rundgang um das Mitte des 20. Jh. nachgebildete Siegesmal dokumentiert denn auch der Figurenfries in Blickhöhe ganz den römischen Triumph. Schwergewappnete Legionäre säbeln hier wehrlose Dakerfamilien nieder, so wie es ja auch die kurze Zeit später in Rom entstandene berühmte Trajanssäule zeigt. Edel gekleidete Dakerkrieger werden abgeführt und den neuen Herren unterstellt – der Beginn der rumänischen Sprach- und Kulturgemeinschaft, so interpretieren das heute die Volkskundler.

Das verdeutlichen auch die Originale des Monuments im Museum mitten im Ort Adamclisi: Die Daker lebten von nun an unter der Herrschaft römischer Neusiedler – und traten im Laufe des 4. Jh. laut Kirchengeschichte zum christlichen Glauben über.

Wo der Apostel Andreas predigte

Auf das frühe christliche Erbe weisen auch die weiteren Stationen auf dieser Tagestour hin. Knapp 20 km hinter Adamclisi folgt auf der Nationalstraße 3 der Ort **Ion Corvin,** von dem aus ein ausgeschildertes Sträßchen zum **Kloster St. Andrea**s führt. Ein Lindenwäldchen umgibt die Klosteranlage, wo Mönche an lauschigen Plätzen lange Tische für die Reisenden aufgestellt haben und sie mit selbst gekochten Spezialitäten bewirten. An den Wohngebäuden wird noch überall gehämmert und gemauert. Neben der älteren Kirche ist innerhalb kürzester Zeit ein hell blitzendes neues Gotteshaus entstanden, schon einmal um die Pilgermassen zu fassen, die hier im Laufe des Jahres aus ganz Rumänien nach St. Andreas strömen. Denn die Legende sagt, dass dies der Ort war, den der Apostel Andreas, Bruder des Simon Petrus, um 60 n. Chr., aus Palästina kommend, erreichte. Hier habe er als Einsiedler gelebt und zusammen mit seinen Jüngern das Kirchlein in den Fels gehauen. Somit sehen fromme orthodoxe Christen die Höhlenkirche von St. Andreas als das erste Gotteshaus Rumäniens an, von dem aus sich der Glaube im Karpatenland verbreitete.

Höhlenkirche mit bunten Ikonen

Sie alle würden in der eigentlichen Attraktion des Klosters, der klitzekleinen Höhlenkirche des heiligen Andreas, keinen Platz finden. 1942 weihte man St. Andreas und traf sich hier in den Kriegswirren zu Gottesdiensten, bis das Kirchlein unter der Herrschaft der Kommunisten geschlossen bleiben musste – um nach 1989 umso vehementer wieder als Ort des Betens genutzt zu werden, so dass auch das angrenzende Kloster im Nu zu neuer Blüte fand. Der Besucher wird sich dem eigenartigen Zauber dieser kleinen Höhlenkirche nicht entziehen können, wo an den Felswänden bunte Ikonen angebracht sind, auf goldenen Leuchtern Kerzen flackern und wo die Gläubigen unzählige Bitttexte hinterlassen, die dann die Mönche in ihre Gebete einzuschließen versprechen.

Kloster Dervent: Wunderikone und heilkräftige Quelle

Beschließen sollte man den Ausflug unbedingt im Schwesternkloster Dervent, das nach weiteren 30 Fahrtkilometern auf der Nationalstraße 3 bei Galiţa erreicht ist. Die fruchtbaren Weinberge bei Băneasa hat der Reisende dann durchfahren und die malerische Landschaft des Canaraua-Fetei-Reservats vor Lipniţa, um jetzt am Ufer des Bugeac-Sees (Lacul Bugeac) auf eben dieses in ganz Rumänien bekannte **Kloster Dervent** mit seiner massigen schneeweißen Kirche zu treffen. Interessierte sollten sich unbedingt die üppige Innenbemalung und die prächtige Ikonostasen-Wand, wie sie typisch ist für die Ostkirche, anschauen. Auch hier soll der Apostel Andreas so ausdrucksstark gepredigt haben, dass sich alsbald eine neue Keimzelle christlichen Glaubens in der Dobrudscha bildete. Eine Wunderikone Marias gibt es hier heute noch anzubeten. Und aus einem Quell fließt, so glauben Strenggläubige, heilendes Wasser – wovon sich dann nicht wenige Touristen auch gleich ein Fläschchen mitnehmen.

Tour- Info

Dauer: Tagesfahrt per Mietauto oder im organisierten Reisebus

Tour 5

Süße Trauben reifen in Murfatlar

Zum Weingut Murfatlar

›Mädchentrauben‹ und ›Tränen Ovids‹

Auf den Weinkarten rumänischer Restaurants findet man sie allenthalben. Und auch im heimischen Fachhandel ist man schon auf sie gestoßen: auf die edlen Tropfen namens ›Blaue‹ oder ›Weiße Mädchentraube‹, die genau hier in der Schwarzmeerregion gekeltert werden. Das Stichwort heißt Murfatlar-Wein. Und das Gut, auf dem man den seit den fünfziger Jahren des 20. Jh. Wein herstellt, sollte man als Gast an der Küste schon einmal in einer von Constanţa aus ca. 50 km langen Halbtagestour per Reisebus oder Mietwagen ansteuern.

Dabei wählt man die gut ausgebaute Nationalstraße 3 Richtung Westen, Richtung Ostrov und Călăraşi. Den tristen Hochhaussiedlungen am Stadtrand Constanţas entflohen, fährt man bald an Großmärkten vorbei, wo ganze Berge von Obst und Gemüse, Holzplanken und Automodellen den Besitzer wechseln. Nach westlichem Standard sind hier auch Tankstellen, ein Großdiskounter und eine ›Mall‹ überdachter Geschäftszeilen entstanden. Durch endlose Felder sich wiegender Sonnenblumen geht's weiter durch die Ortschaft **Valu lui Traian,** wo Mütterchen an kleinen Ständen Früchte oder selbst gemachten Honig anbieten. Auf die dörfliche Kleingartenidylle folgt etwa 25 km von Constanţa entfernt das Städtchen **Basarabi** (s. S. 42), nahe dem man nun die Einfahrt zum Weingut **Murfatlar** wählt. Kilometerlang fährt man hier durch Weinstockreihen, wo auf Kalkböden die roten und weißen Trauben übers Jahr in der kräftigen Dobrudscha-Sonne heranreifen. Vom 1. September bis zum 31. Oktober werden hier die Trupps der Erntearbeiter tonnenweise Früchte sammeln und in die nahe Kelterei befördern, in der pro Jahr 120 000 hl Wein hergestellt werden. Da wartet auf den Besucher nun schon eine Besichtigungstour.

2000-jährige Tradition

»Wir 700 Mitarbeiter sind dabei, unser Murfatlar zum größten Weingut Osteuropas zu machen«, verkündet auf jeden Fall die Touristenführerin selbstbewusst zwischen antiken Weinpressen und Originalreliefs sich zuprostender Römer im kleinen **Gutsmuseum.** Der Weinbau kann also in dieser sonnenbegünstigten Region auf eine mehr als zwei Jahrtausende zählende Tradition zurückblicken.

Im nächsten Ausstellungsraum liegen Exponate neueren Datums: Ehrenmedaillen und Urkunden internationaler Kommissionen für die Erfolge, im großen Stil die Rebsorten Pinot gris, Chardonney, Riesling und Muskateller zu Klasseweinen zu keltern. Auch die rumänische Fluggesellschaft Tarom geht nicht ohne ihre beliebten Murfatlar-Fläschchen in die Lüfte. Und zwei Drittel der Produktion wandern derzeit ohnehin in den Export.

Traubenpressen und Zentrifugen

Derweil ist man in der Touristengruppe schon in die **Produktionshallen** vorgedrungen. Überdimensionale Traubenpressen und Zentrifugen werden hier bedient. Es riecht so kräftig nach dem Endprodukt, dass man fast glaubt, nur von der Luft allein einen Schwips zu bekommen. Weiter geht's in eine andere riesige Halle. Nur 5 °C warm ist es hier, wo übers Jahr alle Weißweine Murfatlars gelagert werden. Gut 9000 l fassen die großen Holzfässer rundherum. Und auf den gigantischen neuen Inox-Behältern sind jeweils 260 000 l Fassungsvermögen notiert. »Sie glauben nicht, wie schnell sich die Fässer leeren, wenn wieder Flaschen abgefüllt werden«, bemerkt die Touristenführerin zur Lagerkapazität von 250 000 hl. Und berichtet, dass Murfatlar inzwischen besonders trockene Weinprodukte namens ›Premiat‹ (›prämiert‹) und ›Rai‹ (›Paradies‹) auf den Markt geworfen hat.

Die Sorte ›Lacrima lui Ovidiu‹ (also ›Träne Ovids‹) bewirbt man mit der Historie, mit dem römischen Dichterfürsten, der ja einst hier in dieser Region seine letzten Lebensjahre verbrachte. »Fünf Jahre mindestens müssen seine Tränen lagern«, erklärt die Reiseführerin. Und weist noch auf eine für den deutschen Markt konzipierte Sorte hin, auf deren Etikett natürlich der dekorative Dracula-Kopf nicht fehlen darf. Obwohl der Horrorfürst selbst, wenn geschichtlich überhaupt nachweisbar, dann nur viele Kilometer von Murfatlar entfernt im Norden, in der Walachei, in Kriegen gegen die Türken sein Unwesen trieb.

Gaumenschmaus und gute Tropfen

Nun wird's sicher für den Besucher längst Zeit, den typischen hiesigen Wein einmal mit allen Sinnen zu genießen. Nur einen Kilometer weiter an der Landstraße öffnet **Murfatlars Restaurant ›Crama‹** seine Pforten. Inmitten weiter Rebenfelder sind in einem blumenumrankten Bau lange Tische gedeckt. Dobrudscha-Spezialitäten wie die deftigen ›Mici‹- Fleischröllchen, wie Schafskäse, gefüllte Paprikaschoten und Krautwickel warten auf Hungrige. Dazu werden selbstverständlich die örtlichen Weine gereicht. Proben der verschiedenen Sorten können gekostet und dann, bei Gefallen, im Lädchen nebenan gleich auch geordert werden. Und, wie könnte es anders sein, es spielt, der guten Stimmung wegen, in der ›Crama‹ auch eine Zigeuner-Band auf: mit fetzigen rumänischen Folklore-Rhythmen. Auf dass die fruchtigen Tropfen made in Murfatlar auch bestens munden.

Tour- Info

Länge und Dauer: Halbtagestour mit dem Auto oder organisierte Busreise
Tipp: Organisierte Murfatlar-Busfahrten werden in jedem Schwarzmeer-Badeort angeboten. Der Vorteil: die Führung in der Kelterei und das Essen in der ›Crama‹ sind im Vorab arrangiert. Individuellen Murfatlar-Fahrten mit einem Mietauto oder -taxi sollte eine telefonische Anmeldung vorausgehen (Tel. 0241/23 43 33).

Register

Fotonachweis:
Titelbild: Am Strand von Mangalia
Vignette: Am Strand bei Mamaia
S. 6/7: Gartenrestaurant in Doi Mai
S. 38/39: Blick auf Constanţa
S. 106/107: In der Dobrudscha

Ebba Hagenberg-Miliu/Cezar Miliu (Bonn) S. 1, 28, 41, 48/49, 55, 99, 110, 114, 116
Bildagentur Huber/Mehlig (Garmisch-Partenkirchen) Titel, S. 83
Bildagentur Huber/R. Schmid (Garmisch-Partenkirchen) S. 2/3, 6/7, 9, 12, 14, 16, 18, 22, 24, 38/39, 46, 58/59, 71, 74/75, 91, 106/107, 112
Sandu Mendrea (Jerusalem) S. 100
Andreas Riedmiller/Das Fotoarchiv (Essen) S. 3/4, 8, 10, 86, 88, 91, 94/95, 108, Umschlagrückseite

Kartografie: © DuMont Reiseverlag, Köln

Grafisches Konzept: Groschwitz, Hamburg
Druck: Rasch, Bramsche
Buchbinderische Verarbeitung: Bramscher Buchbinder Betriebe

ISBN 3-7701-6480-6

Ich leb Online
mit T-Online.